唐人絕句名篇賞析

穆克宏◉著

文史哲出版社印行

國立中央圖書館出版品預行編目資料

唐人絶句名篇賞析 / 穆克宏著. -- 初版. -- 臺北市 : 文史哲, 民83
面 ; 公分
ISBN 957-547-899-1(平裝)

831.4 83010335

唐人絕句名篇析賞

著　作：穆　克　宏
出版者：文　史　哲　出　版　社
登記證字號：行政院新聞局局版臺業字五三三七號
發行人：彭　正　雄
發行所：文　史　哲　出　版　社
印刷者：文　史　哲　出　版　社
臺北市羅斯福路一段七十二巷四號
郵撥〇五一二八八一二　彭正雄帳戶
電話：(〇二)三五一一〇二八

定價新臺幣二四〇元

中華民國八十三年十二月初版

唐人絕句名篇賞析

目　錄

唐人絕句名篇賞析

詠　柳①

賀知章②

碧玉妝成一樹高，③
萬條垂下綠絲絛。④
不知細葉誰裁出，
二月春風似剪刀。

【註釋】

①本詩一題《柳枝詞》。　②賀知章（659－744），字季真，越州永興（今浙江省蕭山縣）人。他喜飲酒，擅長草書、隸書。《全唐詩》錄存其詩一卷。　③碧玉：碧綠色的玉。妝：妝飾。　④絛（tāo　ㄊㄠ濤）：一種用絲線編織成的帶子。

【譯文】

一棵高高的柳，像是碧玉妝飾成的。千萬條下垂的柳枝，像是綠色線織成的帶子。不知是誰裁出這細嫩的小柳葉？原來是像剪刀一樣的二月春風啊。

【賞析】

這是一首誦物詩，吟誦的是早春二月的柳樹。詩人借此歌頌明媚的春光，抒發自己歡快的心情。

「碧玉妝成一樹高」是說眼前的柳樹好像是碧玉妝飾而成的。這是遠觀，重在寫柳樹的色澤。用碧玉比喻柳樹的色澤，新鮮明快，十分醒目。

「萬條垂下柳絲絛」，柳樹的千萬下垂的枝條，像是綠色的絲帶，在春風中輕盈地飄舞。這是近看。重在寫形狀。用千萬條下垂的「綠絲絛」比喻柳枝的柔媚多姿，這樣的比喻，不僅貼切，自然，而且十分生動。

「不知細葉誰裁出」，是提出問題。但問得出奇，難以回答。「二月春風似剪刀」，回答得輕鬆而又巧妙，出人意外，卻合情合理。詩人以豐富的聯想將剪刀比喻春風，使看不見的春風形象化了。確實妙不可言。這一問一答，贊美柳樹，歌頌春光，使人感到朝氣蓬勃，欣欣向榮，其中也流露了討人陶醉於春色之中的喜悅心情。

這首詩中連用了三個比喻，首先，以「碧玉」比喻柳葉，接著以「絲絛」比喻柳枝，最後以「剪刀」比喻春風，皆新穎可喜，把春的活力，表現得十分傳神，頗能啓發人們對春天的遐想和熱愛。

回鄉偶書①

賀知章

少小離家老大回，②
鄉音無改鬢毛衰。③
兒童相見不相識，
笑問客從何處來。

【註釋】

①偶書：隨意寫下來。　②少小：小時候。　老大：年老的時候。　③鄉音：家鄉的口音。　鬢毛：耳朵前面的頭髮。　衰（cuī　ㄘㄨㄟ　催）：減少。指稀疏。

【譯文】

小時候離開家鄉，年老的時候才回來。家鄉的口音未變而兩鬢已稀疏斑白了。家鄉的孩子見了，不認識我，把我當做客人，笑著問我：「老爺爺，您是哪裡來的?」

【賞析】

賀知章的七絕《回鄉偶書》共兩首，這是第一首。這首詩寫詩人剛剛回到家鄉的情景，表現了詩人的喜悅和感慨。古時候，一般讀書人，爲了功名利祿，往往離鄉背井，做客他家。由於當時交通不便，回鄉不易，常常產生强烈的懷念家鄉的感情。這種感情一旦得到滿足，心中有説不盡的喜悦和感慨。

「少小離家老大回」，詩人早年離開家鄉，八十多歲才回來。因爲離鄉時間過於長久，所以就出現了許多變化。以下三句都是在這一句的基礎上產生的。

「鄉音無改鬢毛衰」，緊承上句，離開家鄉久了，家鄉口音並沒有改變，而兩鬢已稀疏斑白了。離家時是風度翩翩的少年，還鄉時已是步履蹣跚的老叟了，自然流露了對人生變化的感慨。

詩人並沒有繼續抒發自己的感慨之情，筆鋒一轉，卻浮現出一個富於戲劇性的場面：「兒童相見不相識，笑問客從何處來。」家鄉的孩子見了不認識了，把自己當做客人，笑著問我是從哪裡來的。這種想像十分精采，極富生活情趣，表現得真實、含蓄，合乎情理。

這首詩所描寫的情景，是人們所熟悉的，但是，難以説清楚。詩人用精鍊的語言，生動地表現出來，所以扣人心弦。

登鸛雀樓①

王之煥②

白日依山盡，③
黃河入河流。
欲窮千里目，④
更上一層樓。⑤

【注釋】

①鸛（gràn ㄍㄨㄢ慣）雀樓：原址在今山西省永濟縣西南城上，樓有三層，前瞻中條山，下瞰黃河，因常有鸛雀停留，故有此名。是當時遊人登覽勝地。今已倒塌。 ②王之渙（688－742），字季淩，晉陽（今山西省太原市）人。始任冀州衡水主薄，晚年出任文安縣尉。他和高適、王昌齡齊名，爲盛唐著名邊塞詩人之一。《全唐詩》錄存其詩六首，全是絕句，皆爲佳作。 ③依：傍著。 ④窮：盡。 ⑤更：再。

【譯文】

夕陽傍著遠山慢慢落下去了，黃河之水不停地流向大海。要想看得更遠，那就要再登一層樓。

【賞析】

這首詩寫詩人登鸛雀樓遠望的情景。

「白日依山盡，黃河入海流」，寫夕陽西下，黃河東流，是詩人登樓所見到的景象。在中國古典詩歌中，描寫夕陽，如「夕陽無限好，只是近黃昏」(李商隱《樂遊原》)，「夕陽西下，斷腸人在天涯」(馬致遠「天淨沙」秋思）等，往往充滿了感傷的情調，而這裡，卻使人感到氣勢磅礴，雄渾壯闊，完全不同。首句寫遠山落日，是遠眺，因是親眼所見，是實；次句寫黃河東流，是俯瞰，因爲在鸛雀樓上是看不見黃河之水東流入海的，是想像，是虛，一虛一實，蔚爲壯觀。這兩句詩，由遠寫到近，由西寫到東，使人感到尺幅千里，畫面寬闊。

眼前景色如此美好，詩人自然產生了「欲窮千里目，更上一層樓」的想法。這兩句詩不僅表現了詩人高瞻遠矚的胸襟，向上進取的精神，也道出了站得高看得遠的哲理，寓哲理於形象之中，含意深邃，耐人尋味。

這首詩全篇對仗。前兩句對仗工整，其中「白」對「黃」，以顏色爲對，色彩鮮明，後兩句，其中「千」對「一」，以數字爲對，十分自然。四句皆對，其不使人感到雕琢，卻使人感到氣勢充沛，意義連貫，表現了詩人高度的寫作技巧。

涼州詞①

王之渙

黄河遠上白雲間，②
一片孤城萬仞山。③
羌笛何須怨楊柳，④
春風不度玉門關。⑤

【注釋】

①涼州詞：唐代樂府歌辭。涼洲治所在今甘肅省武威縣。②黄河：指黄河源。黄河遠上：一作「黄沙直上」。③萬仞（rèn ㄖㄣˋ認）：形容山極高。仞，長度單位。古代以七尺或八尺爲一仞。④羌笛：古代羌族的一種管樂器。楊柳：指古代樂府民歌《折楊柳》。⑤玉門關：古代關名，故址在今甘肅省敦煌縣西，是古代通往西域的要道。

【譯文】

黄河遠處似在白雲中間，連綿不斷的高山，環抱著一座孤零零的邊城。羌笛啊，你何必去吹《折楊柳》，怨恨春光來遲呢？要知道，春風是吹不到玉門關外的啊！

【賞析】

這是傳誦一時的名作。唐代薛用弱《集異記》載有「旗亭畫壁」的故事。説有一天，王之渙和王昌齡、高適三人一起去旗亭

(飯店）飲酒，當時有幾名歌妓來旗亭唱歌，王昌齡對王之渙、高適二人說：「我們都有詩名，難分第一，第二，今天她們唱誰的詩最多，誰就第一。大家都同意。當時，一個唱王昌齡的「寒雨連江夜入吳」，一個唱高適的「開篋淚沾臆」，一個唱王昌齡的「奉帚平明金殿開」。王之渙指著歌妓中最美麗的一個說：她唱的不是我的詩，我就終身不敢與二位爭高低了。那位歌妓唱的果然是「黃河遠上白雲間」三人都哈哈大笑起來。這個故事不一定可信，但亦可說明王之渙這首詩，在當時已廣泛流傳了。

這首詩以荒涼的邊塞爲背景，含蓄地表達了士卒思鄉的哀怨，流露了詩人對他們的深切同情。一開頭，詩人往遠處看，好像黃河直高到白雲深處。詩境壯闊，富有雄偉的氣勢。次句寫「孤城」和「高山」。孤城是一片，既狹小，又孤零零的，高山卻是萬仞，顯得邊塞荒寂而孤苦。「黃河」和「白雲」，顏色不同；「一片」與「萬」，數字迴異，這樣對比鮮明，生動地表現了邊塞景色，增加了詩句的美感。第三句借笛聲表達離愁，因爲古代有折柳贈別的風格。同時也以楊柳象徵春天。「怨楊柳」是怨恨當時西北邊塞地區荒涼，不見春光。所以最點出：「春風不度玉門關」。這是借此比喻當時朝廷不關心邊塞戰士，他們得不到皇帝的恩澤，含有微婉的諷諭之意。

這首詩抓住「黃河」「一片孤城」「萬仞山」「羌笛」「楊柳」「玉門關」等具有特徵性景物，真切地描繪了邊塞風光，藝術上很有特色，所以傳誦千古。

春曉①

孟浩然②

春眠不覺曉，
處處聞啼鳥。③
夜來風雨聲，
花落知多少？

【注釋】

①曉：天亮。　②孟浩然（689－740）襄州襄陽（今湖北省襄樊市）人。因爲他是襄陽人，世稱孟襄陽。又因爲他未曾入朝爲官，又稱之爲孟山人。他早年隱居鹿門山，寄情山水。四十多歲以後才到京城謀求仕進，願望未實現，卻搏得詩壇盛名。他是唐代第一個大量寫山水詩的詩人，與王維並稱「王、孟」。有《孟浩然集》。　③聞：聽到。　啼鳥：鳥鳴。

【譯文】

春夜睡眠很香，不知不覺已經天亮。到處傳來清脆的鳥鳴聲，把人從睡夢中喚醒。依稀記得夜來風吹雨打的聲音，不知道花兒飄落了多少？

【賞析】

這首小詩膾炙人口，而詩的內容十分簡單，只是寫春天天亮時詩人一覺醒來的片刻情景，表現了詩人對美好事物的憐惜。

一、二句寫詩人從睡夢中醒來。「不覺曉」寫春夜睡眠的香甜。春天，人們常常容易感到疲困，「不覺曉」正寫出人們的共同感覺。「聞啼鳥」，鳥鳴聲把詩人從睡夢中喚醒。處處寫出鳥鳴之繁多。春天是美好的時光，鳥語花香，氣候溫和，逗人喜愛。詩人被「處處」的鳥鳴聲喚醒，富於詩的情趣。這裡，詩人從「不覺」寫到「覺」。三、四句，又從「覺」寫到「不覺」。這兩句寫詩人醒後的回憶，想到夜來的風雨。在風吹雨打之中，不知有多少花兒飄零呢？以問句作結，不僅表現了詩人惜花的感情，而且饒有餘味。詩人惜花，正是珍惜萬千紅的春天，表現了他對美好事物的喜愛。詩人寫風吹雨打花謝，卻全無感傷的情調。這是因爲只要春常在，何愁花不再開。

這首詩用的是白描手法。語言平易，不假雕琢，不尚工巧，以極少的語言，把春天景色的變化和詩人的感情表現得如此委婉曲折，具有高度的藝術成就。因此歷來贏得人們的喜愛。

宿建德江①

孟浩然

移舟泊煙渚，②
日暮客愁新。③
野曠天低樹，④
江清月近人。⑤

【注釋】

①建德江：指新安江流經浙江省建德縣的一段　②泊：停船。　渚（zhǔ　ㄓㄨˇ主）：水中的小洲。　③新：添。④野曠：原野空曠遼闊。　⑤月：指水中的月影。

【譯文】

黃昏的時候，把船停靠在煙霧迷濛的小洲水邊，一縷客居他鄉的新愁又湧上心頭。岸上原野空曠遼闊，一眼望去，天邊好像比樹還低，江水清澈，水中的月影似乎就在人的身邊。

【賞析】

這首詩寫夜晚泊建德江的情景，抒發了詩人的羈旅愁思。

「移舟泊煙渚」，把船停靠在建德江中一個煙霧迷濛的小洲旁邊。詩歌一開始就緊扣題意，寫出了詩人旅途的孤寂和心情的黯淡。這和他仕途失意有密切的關係。

「日暮客愁新」，與上句緊密相關。「日暮」，點出時間。因爲「日暮」，需要「泊」；因「日暮」，水中小洲煙霧迷濛；也是因爲「日暮」，又添了羈旅之愁。「日暮鄉關何處是，煙波江上使人愁。」（崔顥《黄鶴樓》）「日暮」最易引起旅居在外的人們的思鄉之愁。因爲「日暮」時，飛鳥投林，牛羊下山，雞鴨回窩，在他鄉做客的人怎麼不想念家鄉呢？

「野曠天低樹，江清月近人」，轉入寫景。第三句寫日暮時，原野空曠遼闊，放眼望去，好像遠處的天空比近處的樹木還要低。第四句寫江水清澈，天上的明月，映在水中，似乎就在人的身邊。這兩句詩寫原野、江月，詩中有畫。由於「野曠」才感到「天低樹」，由於「江清」才覺得「月近人」。反之，感到「天低樹」更顯出原野的空曠闊，覺得「月近人」，更顯出江水的清澈平靜。這兩句對仗工穩，寫景很有特色。當然詩中寫景絶不是孤立的，詩人將一顆愁心融進空曠孤寂的天地之中，唯有江月與人相伴而已。

從軍行（其一）①

王昌齡②

烽火城西百尺樓，③
黃昏獨坐海風秋。④
更吹羌笛關山月，⑤
無那金閨萬里愁。⑥

【注釋】

①從軍行：樂府舊題。行，古代詩歌體裁的一種。　②王昌齡（698－約757），字少伯，京兆長安（今陝西省西安市）人。開元年（727）進士。後任校書郎、汜水縣尉。開元二十七年謫嶺南，後貶江寧丞，龍標尉。世稱王江寧、王龍標。安史之亂後，爲刺史閭丘曉殺害。王昌齡擅長七絕。《全唐詩》錄存其詩一百八十餘首。　③烽火城：古代邊境每隔一定距離設置烽火臺，如有敵情，白天燃煙，夜間點火，以作警報。樓：指崗樓。　④海：指青海湖。　⑤羌笛：羌族的管樂器。關山月：曲名，內容多寫徵戍離別之情。　⑥無那（nuò　ㄋㄨㄛˋ　糯）：無奈，無可奈何的意思。金閨：華美的閨房，借指妻子。

【譯文】

戰士一個人獨坐在烽火城西高高的瞭望臺上，傍晚的時候，青海湖吹來瑟瑟的秋風，引起了戰士的思鄉愁緒。這時，他又用羌笛吹起了曲調幽怨的《關山月》，怎不叫人思念獨守家中的妻子呢？而家中的妻子也正在思念萬里以外的丈夫哩。真是令人無可奈何。

【賞析】

《從軍行》是樂府舊題，常用來寫軍旅戰爭之事。王昌齡的《從軍行》共七首，反映當時邊塞軍旅生活。這是第一首，是寫久戍邊塞的戰士懷念妻子的心情。

開頭兩句著力描寫環境，以創造氣氛。烽大城、百尺樓、黃昏、秋風，組成了典型的邊塞環境。正是在這樣的環境中，出現「獨坐」的久戍未歸的戰士。第三句寫在暮色沈沈、秋風襲人的時候，獨坐在烽火城西百尺瞭望臺上的戰士又吹起《關山月》。笛聲幽怨纏綿，不絕如縷，更是增加了他對家鄉和妻子的思念。第四句揭示了人物的心理活動。戰士思念妻子，詩人不直接寫，卻寫妻子思念丈夫，曲折地表現了戰士思念妻子的哀愁。

從軍行（其四）

王昌齡

青海長雲暗雪山，①
孤城遥望玉門關。②
黃沙百戰穿金甲，③
不破樓蘭終不還。④

【注釋】

①青海：即青海湖在今青海省西寧市西邊。　雪山：指祁連山，在今甘肅省。　②玉門關：故址在今甘肅省敦煌縣西，是古代通往西域的要道。　③穿：磨穿，磨破。　金甲：鐵衣。　④樓蘭：漢時西域的鄯善國，在今新疆維吾爾自治區鄯善縣東南。這裡借指敵人。

【譯文】

青海湖上空連綿不斷的長雲把雪山都遮暗了。遠遠望去，只有玉門關的城樓孤零零地聳立在那裡。在沙漠中連年征戰，鐵衣都磨破了。可是，將士們不殲滅敵人決不返回家園。

【賞析】

這是王昌齡《從軍行》的第四首。這一首寫邊塞將士不殲滅敵人不返回家園的堅强意志和決心。

詩的前兩句是寫景：青海湖上空連綿不斷的長雲，使白雪皚皚的祁連山都顯得暗淡無光。放眼望去，只有玉門關的城樓孤零零地聳立在那裡。爲一派邊塞風光。問題是青海湖在今青海省西寧市兩邊，雪山，即祁連山，橫亘在甘肅河西走廊，玉門關在河西走廊的西頭，樓蘭在今新疆維吾爾自治區鄯善縣東南，青海的玉門關和樓蘭都相距遙遠，竟寫在一首詩裡，大概是詩人爲了說明當時戰地之廣大，而樓蘭只是敵人的泛稱而已。

詩的後兩句，重在抒情。「黃沙百戰穿金甲」，寫將士的戰鬥生活。因此可以想像到當時戰爭的頻繁，時間的漫長，戰爭的艱苦和邊塞的荒涼，其語言的概括力極强，顯得鏗鏘有力，深沈悲壯。「不破樓蘭終不還」，寫將士的堅强意志和決心。因爲上句已寫出環境的艱苦，戰鬥的激烈，在這個基礎上寫戰鬥的決心，就更顯得將士品質之可貴。表現得聲情壯烈，慷慨激昂。應該指出，詩的後兩句，寫邊塞將士的戰鬥生活和決心，所以雄壯有力，和前兩句對環境和氣氛的渲染有很大的關係。

從軍行（其五）

王昌齡

大漠風塵日色昏，①
紅旗半卷出轅門。②
前軍夜渡洮河北，③
已報生擒吐谷渾。④

【注釋】

①大漠：廣闊的沙漠。　②轅門：軍營的門。　③洮（taó　ㄊㄠˊ　桃）河：在今甘肅省西部，流經臨洮入黃河。④生擒：活捉。吐谷渾（tu yu hun　ㄊㄨˇ　ㄩˋ　ㄏㄨㄣˊ　土浴魂）：隋唐時我國境内鮮卑族所建政權，在洮河一帶活動。這裡借指敵軍的首領。

【譯文】

在茫茫無邊的沙漠裡，風捲黃沙，日色昏暗。就在這個時候，將士們舉著被風吹而半捲的戰旗，從軍營出發了。在洮河北部，先頭部隊與敵人夜戰，勝利的捷報傳來，説是擊潰了敵軍，並活捉了他們的首領。

【賞析】

這是王昌齡《從軍行》的第五首。這首詩寫戰鬥取得勝利的喜悅。

詩的前兩句茫茫沙漠，風捲沙飛，日色昏暗，就在這樣的時候，將士們舉著半捲的戰旗，從軍營出發了。第一句用「大漠」「風塵」「日色」組成一個典型的邊塞環境。二句寫在這樣的環境中，將士們從軍營出發了，充滿緊張的戰鬥氣氛。

兩句寫先頭部隊與敵人之夜戰，捷報傳來已生擒敵軍的首領。戰爭瞬息萬變，詩人筆下頓起波瀾。勝利的喜訊來得如此突然，將士們的興奮和喜悅是不言而喻的。第三句寫夜戰，白天尚且「大漠風塵日色昏」，夜裡激戰的艱苦是可想而知的。環境描寫對前軍的英勇奮戰起了烘托作用。第四句寫戰鬥的勝利。活捉敵軍首領是這次戰鬥的高潮，詩人以此概括戰爭的勝利，以少勝多，有畫龍點睛之妙。詩人沒有直接寫將士們在捷報傳來以後的喜悅。但是「已報」二字蘊涵極豐，不僅包含了勝利的捷報，且可以想像前軍的英勇作戰，和增援部隊在收到捷報以後的喜悅心情。詩人用詞之精當，令人嘆服。

出　塞①

王昌齡

秦時明明漢時關，②
萬里長征人未還。
但使龍城飛將在，③
不教胡馬度陰山。④

【注釋】

①出塞：樂府舊題。塞：邊塞。　②關：邊關。　③但：衹要。　龍城：一作「盧城」，即盧龍城（今河北省盧龍縣）。　飛將：指西漢名將李廣。李廣英勇善戰，匈奴稱爲「飛將軍」。　④胡馬：指胡人的騎兵。胡，古時漢族人對西方和北方少數民族的通稱。　陰山：在今內蒙古自治區北部，是漢代北方的天然屏障。

【譯文】

月亮還是秦漢時的月亮，邊關還是秦漢時修建的邊關，多少年來，戰士離開家鄉，開赴遙遠的邊疆，防守邊關，到現在還沒有回來。只要像李廣這樣的將軍還活著，就一定不會讓敵人越過陰山。

【賞析】

王昌齡的《出塞》有兩首，這是第一首。它是王昌齡邊塞詩中傳誦最廣的一首名作。這首詩一開始就描寫邊塞的環境，天空的明月照耀著地上的雄關，寫出了邊塞的寥廓、荒涼。詩人又把環境和歷史聯繫起來，在「明月」前加上「秦時」，在「關」前加上「漢時」，使人感到這種景象亘古如斯，增加讀者的沈思和遐想難道明月秦時才有，關在漢時方見，顯然不是的。這是詩中「互文」的修辭手法。懂得「互文」，我們知道前兩句的意思是說，秦漢以來，邊塞戰事頻繁，綿延不斷，一批又一批的戰士遠離家鄉，效命疆場，不知何日方能撲滅戰火，返回家園？這裡表現了詩人對戰士的同情。後兩句的表示詩人的希望：只要邊塞有像飛將軍李廣那樣的良將鎮守，就不會讓胡人的騎兵越過陰山來侵擾了。這首詩表現了詩人對守邊戰士的深厚同情和對古代良將的向往，反映了戰士昂揚的愛國抗敵精神，並對庸懦誤國的邊將作了委婉的諷刺。情緒慷慨，語言明暢，格調雄渾，表現得深沈含蓄而耐人尋味。

採蓮曲①

王昌齡

荷葉羅裙一色裁，②
芙蓉向臉兩邊開。③
亂入池中看不見，④
聞歌始覺有人來。

【注釋】

①採蓮曲：樂府舊題，《江南弄》七曲之一，内容多寫江南水鄉的婦女生活。　②羅裙：輕軟的絲綢裙子。　③芙蓉：荷花。　④亂入：紛紛進入。

【譯文】

荷葉和採蓮少女羅裙，像是用同一顏色的衣料裁剪的。鮮艷的荷花像朝著少女的臉龐兩邊開放。少女們紛紛進入荷花池中看不見了，因爲分不清哪是荷葉哪是羅裙，哪是荷花哪是臉龐，直到聽見歌聲，才知道她們來了。

【賞析】

王昌齡的《採蓮曲》二首，這是第二首。這首詩生動地反映了採蓮少女的勞動生活，好像一幅採蓮圖。

詩的前兩句，寫片片荷葉與採蓮少女的綠色羅裙同一顏色，少女的臉龐與鮮艷的朵朵荷花同一顏色。詩人把荷葉、荷花和採蓮少女聯繫在一起，荷葉羅裙，碧色相映，女貌花容，紅艷難分，自然環境與採蓮少女的和諧統一，極富詩情畫意。如此著筆，可謂獨出心裁。

第三句「亂入池中看不見」，顯然是緊承前兩句。由於少女的綠羅裙與荷葉同色，少女的臉龐與荷花同色，哪是荷葉，哪是羅裙，哪是荷花，哪是臉龐，難以分辨。所以，採蓮少女紛紛進入荷花池中之後就看不見了，只是在聽到她們清脆甜美的歌聲，人們才知道採蓮少女仍在田田荷池之中。第四句「聞歌始覺有人來」，聽到歌聲，方知有人來。因爲看不見人，所以只能聽歌聲。由於看不見人，也不知道人到哪兒去了，只有聽到歌聲，方知有人來。這裡都是寫聽覺，所以詩中用「覺」而不用「見」。這樣寫使人感到餘味不盡。

這幅輕快活潑、奇妙動人的採蓮圖，洋溢著青春的活力，散發著江南水鄉的芳香，富於濃厚的生活氣息，寫得有聲有色，清新別緻，不假修飾，自然傳神。

長信秋詞①

王昌齡

奉帚平明金殿開，②
且將團扇共徘徊。③
玉顏不及寒鴉色，④
猶帶昭陽日影來。⑤

【注釋】

①長信秋詞：樂府舊題，也作《長信怨》。長信，漢宮名，漢成帝妃班婕妤失寵後去長信宮侍奉太后。　②奉帚：捧著掃帚，指打掃長信宮。　平明：天明。　③將：拿。　團扇：圓形的扇子。這裡用了相傳是班婕妤《怨歌行》的意思，表示宮中的姬妾的命運如秋天的團扇，被人拋棄。　④玉顏：美玉般的容顏。　⑤昭陽：漢宮名。漢成帝和寵妃趙合德（趙飛燕之妹）居住的地方。　日影：比喻皇帝的恩情。

【譯文】

天剛亮，班婕妤就拿著掃帚，恭敬小心地打掃著剛開門的長信宮。打掃完畢，寂寞無聊，姑且舒起團扇，把團扇作爲唯一的伴侶，一起徘徊。她雖然有美玉般的容貌，但還不如一隻冬天的烏鴉。烏鴉還能帶著昭陽殿上的陽光飛過來，受到皇帝的恩情，而她卻不能接近皇帝，長期過著孤單寂寞的生活。

【賞析】

王昌齡的《長信秋詞》有五首，這是第三首。王昌齡善於寫邊塞詩，也善於寫反映婦女生活的詩篇。《長信秋詞》寫宮中婦女的痛苦遭遇，即所謂宮怨詩。這是其中最著名的一首。

首句寫班婕妤在長信宮供養太后的事。班婕妤到長信宮去侍奉太后，是因爲漢成帝愛上了趙飛燕和趙合德。趙氏姊妹驕妒，班氏感到處境危險，不得已才這樣做的。次句仍是用班婕妤的典故。相傳班氏有《怨歌行》一首。此詩以秋扇見捐，喻君恩中斷。次句隱用其意。「奉帚平明」、「暫將團扇」寫宮中婦女淒涼寂寞的生活，揭示了封建社會中帝王的寵愛之無常，帝王妃嬪的遭遇之不幸。三、四句說，班婕妤美麗的容貌，尚不如寒鴉的顏色。寒鴉從昭宮飛來，猶帶日影（古人常以日喻君，日影喻君王之恩寵），而自己卻不能得到君王的恩寵。這是寫趙飛燕姊妹之得寵和班氏之失寵，表現了深沈的怨恨之情。詩人善於捕捉和概括典型的情景，使人感到內涵豐富，意味深長。

閨　怨①

王昌齡

閨中少婦不知愁，②
春日凝妝上翠樓。③
忽見陌頭楊柳色，④
悔教夫婿覓封侯。⑤

【注釋】

①閨：女子居住的內室。　②知：一作「曾」。　③凝妝：盛妝，著意打扮。　④陌（ mò ㄇㄛˋ 漠）頭：路旁。　⑤覓封侯：指從軍。古人多從軍邊疆以軍功取得爵賞，以實現封侯的願望。

【譯文】

閨房中年輕的婦女不知道甚麼是憂愁，春天裡著意打扮登上華美的高樓。忽然她望見路旁楊柳的顏色，才後悔叫丈夫從軍，立功戰場求取封侯。

【賞析】

王昌齡善於寫邊塞詩，也善於寫反映婦女生活的詩篇。這首詩是他久負盛譽的名篇之一。

盛唐時期，男子獵取功名，往往從軍邊塞，因此造成夫婦之間的離別。由於古代交通不便相見很難，離別常常引起人們極大的怨哀和深沈的憂愁。這首詩寫少婦的丈夫從軍不歸，她爲眼前的春色所觸動，產生了悔恨和憂愁，表現了少婦思念丈夫的怨情。

這首詩的特點，是深刻細緻地揭示了「閨中少婦」的內心世界。丈夫離別家鄉和親人，遠征邊塞，本應引起少婦的憂愁，而詩人卻從「不知愁」寫起，確實出乎人的意料之外。詩的前兩句寫一向不知愁的閨中少婦，在一個風和日麗的早晨，濃妝艷抹，著意打扮，款步登上自家的高樓，觀賞的媚明春光。此情此景似皆平淡無奇。但是，後兩句筆鋒一轉，情景便不同了。少婦忽然看到路邊的楊柳萌出新芽，楊柳在古代乃是分離時贈別之物。她自然想起了自己的丈夫。這時，她才後悔讓丈夫從軍遠征，求取封候，閨中少婦忽見陌頭春色而思念丈夫，而丈夫卻在遙遠的邊疆，於是離愁別恨，油然而生，流露出悔恨之情。寫得含蓄而真實。

這首詩寫閨中少婦由「不知愁」到知愁，表現她微妙的心理變化。變化雖很突然，卻顯得合情合理，十分自然。由於表現得比較含蓄頗耐人尋味。

芙蓉樓送辛漸①

王昌齡

寒雨連江夜入吳，②
平明送客楚山孤。③
洛陽親友如相問，
一片冰心在玉壺。④

【注釋】

①芙蓉樓：晉朝刺史王恭所建，舊址在今江蘇省鎮江市西北。　辛漸：事蹟不詳。　②吳：春秋時國名。後爲越國所滅。戰國時越國又爲楚國所滅。所以吳和下句的楚，都指鎮江一帶地方。　③平明：天亮時。　④冰心：像冰一樣純潔晶瑩的心。

【譯文】

深秋夜晚的寒雨灑落在江中和吳地。清晨天剛亮時，雨已停歇，我在芙蓉樓送別友人辛漸。遙望友人要去的方向，只見孤零零的山峰屹立在雨後的煙霧之中。如果洛陽的親友問起我的情況，請轉告他們，我的心就像玉壺中的冰那樣的純潔晶瑩。

【賞析】

王昌齡的送別詩，以這首最爲有名。唐玄宗開元末，王昌齡被貶爲江寧丞。本詩作於此時。友人辛漸去洛陽，詩人從江寧（今江蘇省南京市）送至潤州（今江蘇省鎮江市）。這是詩人的贈別之作，原詩二首，這是第一首。

首句如何解釋？説法不一。「入吳」的是誰？是詩人？是友人？還是主客二人。根據原詩第二首的詩句：「高樓送客不能醉，寂寂寒江明月心。」主客握別的頭天晚上已在芙蓉樓餞別，「入吳」的當是「寒雨」。秋雨瀟瀟，爲離別渲染了一種淒寒孤寂氣氛。次句寫清景天剛亮，寒雨已歇，詩人在芙蓉棲送客，客人此去洛陽，遙望在煙霧中的楚山，孤零零地屹立在前方，詩人情不自禁地產生一種悵惘孤獨之感。

三、四句是詩人向親友表白自己的心蹟。詩人晚年誹謗議論很多，這種輿論自然對他產生很大的壓力。這次友人去洛陽，詩人請友人告訴洛陽親友：「我的心就像玉壺中那樣純潔晶瑩。」表白了自己光明磊落的胸懷和清廉自守的品德。比喻生動，不落俗套。這是不同於一般送別詩的地方，也高出一般送別詩的地方。

鹿　柴①

王　維②

空山不見人，
但聞人語響。③
返景入深林，④
復照青苔上。

【註釋】

①鹿柴：養鹿的地方。輞川風景之一。柴，同「寨」。②王維（701－761），字摩詰，太原祁（今山西省祁縣）人。官至尚書右丞，世稱王右丞。他寫了大量的山水田園詩，蘇軾說他「詩中有畫」「畫中有詩」，是唐代著名的詩人。王維不僅能文，而且善書畫、通音律、多才多藝。清人趙殿成有《王右丞集箋註》，是較好的註本。　③但：只。　④返景：返照的日光。景，同「影」。

【譯文】

空山靜悄悄的，看不見人，只聽到山谷裡傳來說話的聲。返照的日光斜射進茂密的樹林，照在地面的青苔上。

【賞析】

王維有輞別墅（今陝西省藍田縣南），他在這裡住了三十多年，其《輞川集》二十首描寫別墅的景色。《鹿柴》是其中之一。

這首詩寫鹿柴傍晚的景色，呈現在我們面前的是空山深林在夕陽返照下的幽靜境界。首句寫出幽靜的環境。空山，是空寂的山林。山林所以空寂是因爲不見人。空山不見人，自然十分寂靜。次句卻寫聽到人說話的聲音。不見人又聽到人說話的聲音，其實並不矛盾。看不見人不等於山林中無人。空寂的山林，遠處傳來一陣人說話的聲音，這不僅給空寂的山林增添了生氣，而且更加突出了出林的幽靜。因爲這裡的「人語響」是「但聞」。山林中鳥聲、蟲聲、風聲、水聲都沒有，只有人說話的聲音。這說話的聲音，也不是持續不斷的人聲吵雜，只是一陣說話聲，話聲過後，仍是萬籟俱寂，山林顯得更加幽靜。

三、四句寫夕陽返照。上兩句寫聲音，訴諸聽覺。這兩句寫顏色，訴諸視覺。夕陽返照在空山深林的青苔上，使深林顯得更加幽暗，空山顯得更加寂靜。詩人表現的靜美可能與他的消極思想分不開，但自具其美學價值。

鳥鳴澗①

王　維

人閑桂花落，②
夜靜春山空。
月出驚山鳥，
時鳴春澗中。③

【注釋】

①澗：兩山間的水溝。　②閑：寂靜。桂花：指木犀花。一説是一種冬開春落的桂花。　③時：時常。

【譯文】

在寂無人聲的地方，桂花無聲無息地凋零了。靜靜的夜晚，春山寂靜得像一無所有。月亮出來了，月光驚動了樹上的小鳥，鳥兒不時地鳴叫，打破了山澗的沈寂。

【賞欣】

王維《皇甫岳雲谿雜題五首》是寫友人皇甫岳居處的一組詩。《鳥鳴澗》是其中的第一首。這首詩寫春山月夜。一、二句寫春山之夜的靜謐。「人閑」説明周圍的夜靜和詩人內心的安靜。

正是在如此寂靜的環境中，詩人才有可能覺察桂花的凋零。桂花的花瓣細小，氣味芬芳，落地無聲。詩人竟能覺察到桂花的凋零，借此襯托春山之夜的靜謐、空寂。在這種境界中，安靜的詩人之心和寂靜的春山之夜已經融合在一起了。

三、四句寫月出鳥鳴。夜是寧靜的，月亮升起，月光驚動了樹上的小鳥，鳥兒不時地鳴叫，劃破夜空的寂靜。這兩句點出題目，以動寫靜，用月出鳥鳴反襯出青山之夜無比幽靜。南朝梁詩人王籍《入若耶溪》詩中名句:「蟬噪林逾靜，鳥鳴山更幽。」這兩句是說，樹上的蟬叫和林中的鳥啼，使山林顯得更加幽靜。爲什麼蟬叫、鳥鳴出林顯得更加幽靜呢? 因爲事物往往是在比較中，其特徵才能給人以鮮明深刻的印象。這裡以動寫靜，寓動於靜，更能表現出山林的幽靜。同樣的道理，王維寫月光鳥鳴，也更加顯出春山的幽靜。

詩人筆墨疏淡，詩作極富詩情畫意。詩中選用「落」「空」「驚」「鳴」幾個動詞，表現其中的聲息，動態和氣氛，使人如見其人，如聞其聲，可見詩人提煉語言的功夫。這樣的作品，不但能給人以美的享受，而且還可以向我們提供藝術的借鑑。

雜　　詩①

王　維

君自故鄉來，②
應知故鄉事。
來日綺窗前，③
寒梅著花未？④

【注釋】

①雜詩：以「雜詩」爲題最初見於《文選》。這類詩大概本有題目，後來題目失去，編集人就稱爲「雜詩」。　②君：您。自：從。　③來日：出發前來的那一天。　綺窗：刻有花紋的窗子。　④著花：開花。

【譯文】

您是從我家鄉來的，自然知道家鄉的事。在您出發前的那一天，窗前的寒梅開花了没有？

【賞析】

王維的《雜詩》共有三首。這是其中的第二首。這首詩表達了詩中主人公思念家鄉的感情。

「君自故鄉來，應知故鄉事。」一個離鄉背井久客他鄉的人，遇到一個來自故鄉的朋友，自然會引起鄉思，由於思鄉，自然會渴望瞭解故鄉。這兩句詩表現了主人公濃厚的鄉思和渴望了解故鄉的急切心情。五言絶句只有二十個字，其語言是極其精煉的。可是在這首小詩中，「故鄉」一詞卻重複出現，豈不是多餘。不，這種重複，表示鄉思之殷切，增强了詩歌的感情色彩。語言樸素平淡，而表現思鄉之情卻十分真摯動人。

主人公想了解「故鄉事」，「故鄉事」千頭萬緒，是說不完的。一般人思念故鄉，總是想瞭解故鄉親人和朋友的情況。可是主人公想瞭解的卻是故鄉家中窗前的寒梅。「來日綺窗前，寒梅著花未?」這一問確實問得出奇，似乎也異乎常情。可是，生活告訴我們，一個人對故鄉的思念不是抽象的，而是與許多具體的人和事聯繫在一起的。一般的說，故鄉的山川景物，風土人情都是令人懷念的，可是，往往一些極其細小的事物卻給人留下難忘的印象。詩中說到的窗前寒梅便是一例。這棵寒梅已染上主人公的感情色彩，成爲故鄉的象徵。詩歌以問句作結，使人感到餘味悠然不盡。這首詩純用白描，語言質樸平淡，而表現思鄉之情卻十分真摯動人。

九月九日憶山東兄弟①

王 維

獨在異鄉為異客，②
每逢佳節倍思親。③
遙知兄弟登高處，
遍插茱萸少一人。④

【註釋】

①九月九日：農曆九月九日爲重陽節。　山東：王維是太原祁（今山西省祁縣）人，其父任汾州司馬時把家搬到蒲（今山西省永濟縣)。因蒲在華山以東，所以王維稱他家鄉爲「山東」。

②異鄉：他鄉。　異客：在他鄉做客。　③倍：格外。

④茱萸（zhù yú　ㄓㄨˋ　ㄩˊ　朱魚)：一種有濃烈香味植物。古人重陽登高，把茱萸插在頭上，認爲可以避災禍。

【譯文】

我獨自一人在外鄉做客，常常想念家中的親人。每逢人們歡度在佳節時，我就更加想念親人了。今天是重陽佳節，我在這遙遠的外鄉知道，當兄弟們頭插茱萸登高的時候，一定會想起少了一個人。

【賞析】

這是王維十七歲時的詩作，寫他異鄉做客節日思親，歷來爲人們所傳誦。

農曆九月九日是重陽節，傳統的習慣是登高，插茱萸，飲菊花酒，吃重陽糕，這一年的重陽，王維出遊在外，他想念家中的兄弟，就寫了這首詩。首句寫詩人他鄉做客。一個「獨」字寫出他做客孤寂。兩個「異」字，無非説明詩人在他鄉做客。但是，作爲「異客」。環境陌生，身處「異鄉」，則遠離親人，表現了詩人孤居獨處，舉目無親，流露了他的孤獨之感和思鄉之情。增强了氣氛。次句寫詩人佳節思親。詩人他鄉做客，已是思念親人，而時逢重陽佳節則格外思念親人。「每逢」説明不僅重陽思親，任何佳節，都會思親。「倍」可見平時思親，佳節加倍思親，加濃了感情色彩。

三、四句寫詩人的想像。詩人想像家中兄弟們重陽登高，遍插茱萸，發現少了一人。詩人不直接寫自己思念兄弟們，卻寫兄弟們思念自己。這樣更加突出地表現了自己的思念親人之情。

詩中名句「每逢佳節倍思親」，已成爲活在人們口頭上的成語，因爲它高度概括了他鄉做客人的普遍心理，道出了一個真理。

送元二使安西①

王　維

渭城朝雨浥輕塵，②
客舍青青柳色新。③
勸君更盡一杯酒，
西出陽關無故人。④

【注釋】

①詩題一名《渭城曲》。　元二：作者友人，名不詳。安西：唐代的安西都護府，治所在今新疆維吾爾自治區庫車縣。　②渭城：秦時咸陽城，漢改稱渭城。在今西安市西北。　浥（yì 丨 義）：濕潤。　③客舍：旅店，指餞別的地方。　④陽關：古關名，故址在今甘肅省敦煌縣西南。

【譯文】

渭城早上下雨了，雨點潤濕了路上的灰塵。雨後旅店旁一排排的柳樹，顯得格外青翠。請你再喝完這一杯酒吧！因爲向西出了陽關再沒有老朋友了。

【賞析】

這首詩是唐代有名的送別之作。琴曲《陽光三疊》（又名《陽關曲》），即以這首詩爲歌詞。此曲在當時是廣泛流傳的。

詩的開頭點明地點、時間、天氣。地點是渭誠，時間是早晨，天氣是微雨之後。次句以「客舍」點明餞別的處所，以「柳色新」進一步交代送別的季節是春天。這是一個春天的早晨，微雨之後，地上的塵土已彼沾濕，空氣格外新鮮。客店旁的柳樹，雨後顯得更加青翠喜人。古人有折柳贈別的習俗。因此「青青柳色」隱含著送別人和行人的依依惜別之情。以上二句是寫景，景色是美好的，而行人就要離別這春色滿園的都城到陽關以西——遙遠的地方去了。

後二句寫餞別的情形。「勸君更進一杯酒」，酒已經喝得多了，最後，在離別之前，老朋友又滿滿地斟一杯。這不是普通的一杯酒，是洋溢著真摯友情的一杯酒。親愛的朋友，不必再推辭了，乾杯吧!，要知道你西出陽關，就再沒有老朋友了。那時再想歡聚一堂，開懷暢飲也不可能了。「西出陽關無故人」，充滿了老朋友之間的深厚情誼。寫得情真語切，成爲千古絶調。

靜夜思

李　白①

床前明月光，
疑是地上霜。
舉頭望明月，②
低頭思故鄉。③

【注釋】

①李白（701－762），字太白，號青蓮居士。錦州昌隆（今四川省江油縣）人。他是唐代偉大的浪漫主義詩人，和杜甫齊名，世稱「李杜」。他的詩反映了盛唐時期上升發展的氣魄，充滿了對進步理想的熱烈追求，深刻地揭露了唐玄宗後期朝政的腐敗，表現了傲岸不屈的反抗精神。他的詩達到了唐代詩歌創作的高峰。對後世有深遠的影響。清人王琦有《李太白全集》，注釋詳贍。　②舉頭：擡頭。　③低頭：形容沈思的樣子。

【譯文】

在一個寧靜的夜晚，皎潔的月光直照到床前，猛地看去，好像地上下了一層霜。擡頭望見天上的一輪明月，才明白地上原來是月光。而對晴空的明月，不由的讓人想起久別的故鄉。

【賞析】

這首詩抒寫望月思鄉的感情，是李白詩歌中流傳的一首。

「床前明月光，疑是地上霜。」寫床前的明月光，好像地上的一層霜。這裡，看來是描繪「明月光」，實際上是刻劃詩人愁思不寐的情態。詩人夜晚在床上睡眠，因愁思而不能入睡，猛地看見床前的明月光，還以爲是地上霜哩。詩歌寫月光，並非有心，所以「疑是」地上霜，「疑是」二字寫出詩人惝恍迷離的精神狀態。當他比較清醒地認出地上不是霜而是皎潔的明月光，才擡頭望月。

「舉頭望明月，低頭思故鄉。」從上兩句看來，詩人望月並不是出於思鄉。正是望見迷人的明月，才產生了思鄉的感情。「低頭」表示詩人沈侵在深深的思念之中。這裡以一個平常的生活細節，生動地刻畫出詩人的心理活動。詩中說明了詩人的鄉愁，但沒有說盡，所以耐人尋味。

這首詩隨手寫來，不加雕琢，頗有感人的力量。

峨眉山月歌①

李　白

峨眉山月半輪秋，②
影入平羌江水流。③
夜發清溪向三峽，④
思君不見下渝州。⑤

【注釋】

①峨眉山：在今四川省成都市西南。　②半輪秋：半圓形的秋月。　③影：月影。　平羌江：即今四川青衣江，源於四川省蘆山縣西北，經樂山縣入岷江。　④清溪：即清溪驛，在今四川省犍爲縣峨眉山附近。　三峽：指長江的瞿塘峽、巫峽和西陵峽。　⑤君：指友人。　渝州：治所在今四川省重慶市。

【譯文】

峨眉山的山上天空中掛著半輪秋月，平羌江中閃爍著月亮的倒影。我從清溪驛乘船出發，駛向渝州，準備經三峽東下。一路上都不能見到你，真是叫人思念。

【賞析】

這首詩是詩人早年離開四川，出峽東下，途中爲懷念一位友人而作。

前兩句寫詩人在清溪舟中所見的月亮。半輪秋月高懸在峨眉山上，望月自然想起自己剛剛離開不久的峨眉山。峨眉山峰巒挺秀，山勢雄偉，有「峨眉天下秀」之譽，詩人自然難以忘懷。平羌江的月影又是那麼迷人！詩人仰望山上之明月，俯視江中之月影，不但感到景色幽美，而且那依山之明月和隨波之月影，好像脈脈含情，依依不捨。這裡，詩人將明月和峨眉山、平羌江結合在一起寫，山、水、月相互映襯，明月就顯得更加嫵媚可愛。

後兩句寫詩人從清溪夜發，下渝州，將出峽東下，想念住在附近，不能相見的友人。望月懷人，離情繾綣，何以現在就要下渝州，過三峽，越走越遠哩。何日方能相見？詩人流露了對故人的思念。「思君不見」正是點破了這一點。

這首詩連用了峨眉山、平羌江、清溪、三峽、渝州五個地名，而不露痕跡，實在難能可貴。中國古代寫月亮的詩很多，本詩筆力雄渾，氣勢奔放，受到人們的喜愛。宋代大詩人蘇軾《送人守嘉州》詩云：峨眉山月半輪秋，影入平羌江水流，謫仙此語誰解道，請君見月時登樓。」於此可見一斑。

望廬山瀑布①

李 白

日照香爐生紫煙，②
遥看瀑布掛前川。③
飛流直下三千尺，
疑是銀河落九天。④

【注釋】

①廬山：在江西省九江市南，是著名的遊覽勝地。 ②香爐：香爐峰，是廬山的北峰，狀似香爐，所以叫香爐峰。 紫煙：香爐峰的煙霧受到日光照射，呈現紫色。 ③川：河流。 ④九天：古人認爲天有九重，九天，是天的最高處。

【譯文】

遠遠望去，陽光照射下的香爐峰紫煙繚繞，一條瀑布掛在山前的水面上，瀑布從高山上直瀉而下，我懷疑是銀河從九重天上落到人間。

【賞析】

這首詩寫詩人遙望廬山瀑布。用生動的比喻，大膽的誇張和瑰麗的想像，描寫廬山香爐峰瀑布的雄偉景像。

首句寫香爐峰。香爐峰狀似香爐，因此在香爐上，煙霧繚繞，在陽光的照射下，好像香爐冒出紫煙。如此寫景，如夢如幻，富有神奇色彩。詩人寫香爐烽的目的是爲了寫瀑布，所以次句寫瀑布。瀑布如同白練高高地掛在山前水面上。「掛」這個動詞用得很妙，把傾瀉的瀑布描繪成靜態的景物。顯然這是遠眺所得的印象。這裡詩人以香爐峰爲背景寫瀑布。煙霧繚繞的香爐峰和氣勢磅的瀑布相互映襯，使景色顯得更加奇麗、壯觀。

三、四句兩句寫瀑布的雄偉景象，歷代爲人們所稱頌。「飛流直下三千尺」，「飛」字生動地描繪出瀑布噴湧的氣勢，「直下」，既寫出山勢之高峻，又可見水流之急。從高山之巔直瀉而下，勢不可擋。「三千尺」以誇張的手法寫瀑布的高度，已令人驚嘆不已。但詩人猶有未足，接著補上一句：「疑是銀河落九天。」這句詩是比喻，也是誇張。真是想落天外，令人驚心動魄。「銀河落九天」，寫盡瀑布的氣勢和力量，「落」字重若千鈞，活畫出瀑布從高空而降的情景。「疑是」二字，使人感到恍忽迷離，真假難辨，給讀者留下想像的餘地。

黃鶴樓送孟浩然之廣陵①

李　白

故人西辭黃鶴樓，②
煙花三月下揚州。③
孤帆遠影碧空盡，④
唯見長江天際流。⑤

【注釋】

①黃鶴樓：舊址在今湖北省武昌西黃鶴磯上。　之：往。廣陵：今江蘇省揚州市。　②故人：老朋友，指孟浩然。辭：辭別。　③煙花：形容春天繁花似錦的景色。　④盡：消失。　⑤天際流：流向天邊。

【譯文】

在繁花似錦的春季三月裡，我的老朋友辭別西邊的黃鶴樓，要東到揚洲去了。友人所乘的船已經走得很遠了，最後小小的帆影也在碧空中消失了。這時只能看見浩浩蕩蕩的一江春水向天邊流去。

【賞析】

這是一首送別詩，寫詩人與老朋友之間深厚的情誼。老朋友是唐代著名詩人孟浩然。李白《贈孟浩然》詩中說：「吾愛孟夫子，風流天下聞……高山安可仰，徒此揖清芬。「大意是說，孟浩然愛酒善詩天下聞名。他是一座高山可供仰望，他的品格令人崇敬。可見李白對孟浩然是很敬重的。老朋友一旦離別，李白自然依依難捨。

前兩句交代了送別的時間、地點和友人將去的地方。時間是繁花似錦的三月，送別的地點是在黃鶴樓，友人將去的地方是揚州，皆一一交代清楚，緊扣題意。在「煙花三月」送友人去當時繁華的都會揚州，使人感到前程似錦，充滿無限的希望，似暗含著詩人的祝願。

後兩句流露了惜別的心情。「孤帆遠影碧空盡」寫客舟掛帆遠去。孤帆一片，漸漸遠去，一點帆影最後的消失在碧空之中。友人走了，「唯見長江天際流」，只剩下悠悠不盡的一江春水向天邊流去。這裡寫水寫天，境界開闊。從表面看，只是描繪自然景色，其實景中含情，情與景交融在一起，抒發了李白在友人離去之後的空虛、寂寞和悵惘的心情。這種情景交融的寫法，顯示了李白高超的詩歌藝術技巧。

贈汪倫①

李　白

李白乘舟將欲行，
忽聞岸上踏歌聲。②
桃花潭水深千尺，③
不及汪倫送我情。

【注釋】

①汪倫：唐代宣州涇縣（今安徽省涇縣）桃花潭的村民。事蹟不詳。　②踏歌：一民間歌唱形式，以腳步打拍子，邊走邊唱。　③桃花潭：在涇縣西南。

【譯文】

李白乘船將要離去，忽然聽到岸上傳來送行的歌聲。桃花潭水縱然有千尺之深，也不及汪淪送我的情意啊！

【賞析】

唐玄宗天寶十四載（公元 755 年），李白五十五歲，在宣城郡（今安徽省宣城縣），曾遊涇縣桃花潭，村民汪倫常釀美酒來招待李白，李白臨別時寫了這首詩，贈給這位朋友，表現詩人和汪倫之間深厚的友情。

詩的前面兩句是叙事，叙詩人乘舟就要離去，忽聞岸上傳來踏歌之聲。首句寫就要離去的人，次寫送行的人，兩者構成一幅送別的景。乘舟欲行，表明詩人走的是水路，客舟就要出發了。正是在這個時候，忽然聽到岸上傳來的踏歌聲。「忽聞」二字，似乎説明事出意料之外。聽到踏歌聲，也只聞其聲，未見其人，踏歌來送的當然是汪倫，詩人卻不點出，這句詩顯得比較含蓄。詩人這樣寫，爲後兩句作了必要的鋪墊。

詩的後兩句是抒情，抒發了詩人和汪倫的深厚情誼。三句寫的是眼前之景，遙接首句，可見李白所乘之舟在桃花潭中。桃花潭水深千尺，是寫潭水的特點，又爲下句預伏一筆。桃花潭的水深，深達千尺，詩人由桃花潭的水深聯想到自己與汪倫的情誼，很自然地寫出「不及汪倫送我情」的詩句。如果説「好似汪倫送我情」，就太一般化了。好在「不及」二字。這兩個字變無形的情誼爲生動的形象，增强了詩歌的感染力量。

這首詩語言自然、樸素而富有情味，顯然受了民歌的影響。

望天門山①

李　白

天門中斷楚江開，②
碧水東流至此回。③
兩岸青山相對出，④
孤帆一片日邊來。⑤

【注釋】

①天門山：在今安徽省當塗縣西南長江兩岸，東叫東梁山（亦稱博望山），西叫西梁山，兩山隔江相對如門，所以合稱天門山。　②楚江：指長江流經安徽省的一段。安徽春秋時屬楚國，故稱爲楚江。　③至此迴：一作「直北迴」，一作「至北迴」。長江在天門山附近由東流轉向北流。　④兩岸青山：指天門山。　⑤日邊：太陽升起的東邊。

【譯文】

天門山中間斷開了，分爲東梁山和西梁山。東流的碧綠江水到這裡又回旋向北流去。長江兩岸的青山遙相對峙，一只帆船從太陽升起的東邊行駛過來。

【賞析】

這首詩描寫天門山的壯麗景象。天門山形勢十分險要。詩歌一開始就抓住這一點。「天門中斷」，寫山。「中斷」寫出天門東西兩山的峭拔和險峻。天門山的「中斷」，好像爲楚江留了一條通道，顯示了大自然的奇妙，富於神話色彩。「楚江開」，寫水，「楚江開」是由於「天門中斷」，點出山與水的關係。「開」字寫出長江之水至此奔湧而出的氣勢。「碧水東流至此回」，江水至此，又回旋北去。由於天門鎖江，江面狹窄，江水至此不得不回旋一陣才流過天門。這裡寫水又寫山，水中有山，山中有水，交錯寫來，在我們面前展現出一幅天門山附近一條長江的壯麗圖畫。

「兩岸青山相對出」，寫長江兩岸青山對峙，進一步描繪天門山的雄偉壯觀。「出」字寫舟行過程中望天門山的感覺，爲靜止的山帶來動態美。「孤帆一片日邊來」，寫遠景。在茫茫的江面上，一孤帆從太陽升起的東邊飄來。詩人最後一筆，妙筆生花，爲整個畫面增加了明麗的色彩。這首詩聲調響亮、色彩絢爛、氣勢雄偉。它不僅給人以美的享受，而且能激起我們對祖國山河的熱愛。

聞王昌齡左遷龍標遥有此寄①

李　白

楊花落盡子規啼，②
聞道龍標過五溪。③
我寄愁心與明月，④
隨風直到夜郎西。⑤

【注釋】

①左遷：古代以右爲上，左爲下，左即降職貶官。　龍標：今湖南省黔陽縣。王昌齡被貶爲龍標縣尉，這裡借以稱呼王昌齡，古時稱呼別人官職以表示尊敬。　②子規：即杜鵑鳥。　③五溪：即辰溪、酉溪、巫溪、武溪、沅溪。在今湖南省西部和貴州省東部。　④與：給。　⑤夜郎：古國名，其地主要在今貴州省桐梓縣東)。本篇所説之夜郎，其地在今湖南省沅陵縣境。詩中用夜郎之名，可以使人聯想古夜郎國，以見其邊遠。

【譯文】

暮春時節，楊花落盡，杜鵑哀啼，這時，聽説你被貶到過了五溪的龍標這樣偏僻的地方。我把一顆思念和同情的心讓明月給您帶去，隨著春風和您一起直到極爲遙遠的夜郎西邊。

【賞析】

據《新唐書．王昌齡傳》記載，王昌齡「不護細行，貶龍標尉」。意思是說，王昌齡因爲不注意生活小節，被貶爲龍標縣尉。他因爲生活小節屢次被貶斥，遭過是十分不幸的。李白在這首詩裡，對他的不幸遭遇，充滿了同情和關注。

首句寫景，用來點明時節。景物是楊花和子規。時節當在暮春。楊花的飄落給人以飄零之感，子規的哀啼令人頓生思鄉之愁，因爲子規的叫聲是「不如歸去」。如此寫景，不僅點明時節，而且景中含情，表達了詩人的感傷情懷。詩人爲什麼感傷呢？次句直接點明是因爲「聞道龍標過五溪」。雖然直敘其事，亦含有驚惜和悲痛的意思。「過五澳」，說明了道路的遙遠、艱難和被貶地方的荒僻，詩人之同情自然地流露出來。

三、四句抒情，表達了詩人對王昌齡的思念和同情。詩人變無情之明月爲有情之物，讓她把自己的思念和同情帶到遙遠的夜郎西邊的龍標去。想像奇特。以這種比擬的手法表現强烈和深厚的感情，增强了詩歌的藝術效果。

早發白帝城①

李　白

朝辭白帝彩雲間，②
千里江陵一日還。③
兩岸猿聲啼不住，④
輕舟已過萬重山。⑤

【注釋】

①白帝城：在今四川省奉節縣東。　②朝：早晨。辭：告別。　③江陵：今湖北省江陵縣。　還：返回。④住：停。　⑤輕舟：輕快的小船。

【譯文】

早晨告別了彩雲繚繞的白帝城，遠在千里外的江陵一天就可以返回了。長江兩岸高山相連，山上猿猴的啼叫不絕於耳。在猿猴啼叫聲中，輕快的小船已經駛過了重重高山。

【賞析】

這首詩是李白五十九歲（公元 759 年）因從永王李璘事流放夜郎，剛至巫峽，遇赦放回。他興奮之餘，在江陵寫了這首詩。

這首詩抒發了詩人遇赦東還的喜悦心情。首句緊扣題意，點出時間、地點。詩人是在早晨辭别白帝城的。白帝城在今四川省奉節縣東，城建在白帝山上，山峻城高，常有彩雲繚繞，故説「彩雲間」。「彩雲間」，給景物抹上了一層明麗爽朗的色彩，流露了詩人内心的喜悦之情。次句寫白帝與江陵相距千里，而輕舟東還只需一日。「千里」與「一日」，對照鮮明，生動地表現了舟行之速。長江上游，水流湍急。《水經注·江水》説：「有時朝發白帝，暮至江陵，其間千二百里，雖乘奔御風不以疾也。」意思是，有時早上以白帝城出發，傍晚就到江陵。從白帝城到江陵，中間相距一千二百里，即使騎著快馬，駕著風，也没有這樣快。次句所描繪的就是這一境界。三、四句補叙兩岸的景物，表達了詩人的愉快心情。《水經注·江水》説：「自三峽七百里中，兩岸連山，略無（一點没有）闕（缺）處。……每至晴初霜旦（早晨），林寒澗肅（寒枯），常有高（高處）猿長嘯，屬引（連接不斷凄異，空谷傳響，哀轉久絶。故漁者歌曰：「巴東（郡名）三峽巫峽長猿鳴三聲淚沾裳。」這是第三句的内容。兩岸群山，猿啼凄異，過往行人，聞之淚下，而李白由於遇赦東還，心情舒暢，不覺猿聲淒切，輕快的小舟已穿過萬重山了。「輕舟」之「輕」不僅寫出舟行之輕快，也暗示詩人之心情。第三句之猿鳴，使詩之氣勢急中有緩，緩急結合，從而令人感到曲折而富於波瀾。於此可悟用筆之妙。

別董大①

高　適②

千里黃雲白日曛，③
北風吹雁雪紛紛。
莫愁前路無知已，④
天下何人不識君。⑤

【注釋】

①董大：指當時彈琴名手董庭蘭。董庭蘭排行第一，故稱董大。　②高適（706－765）字達夫，勃海蓨（今河北省景縣）人。少時家貧落魄。後爲何西節使哥舒翰書記。歷任淮南節度使、劍南西川節度使。官終左散騎常侍，封渤海縣侯。善作邊塞詩，與岑參齊名，並稱「高岑」。有《高常侍集》。　③曛（xūn　ㄒㄩㄣ　勛）：形容天色昏暗。　④知已：知心的朋友。　⑤君：指董大。

【譯文】

千里黃雲把陽光遮得一片昏暗，北風吹著離群的孤雁，大雪紛紛飄落。不要擔心在你前去的地方没有知心的朋友，天下哪一個人不知道你的大名呢?

【賞析】

這裡的董大，前人認爲是董庭蘭。董庭蘭是唐玄宗時的琴家，他以善彈《胡笳》有名於當時。曾爲吏部尚書房琯的門客。以琴藝受到房琯的重視。這首詩是詩人贈給董庭蘭的，是一首送別詩。

詩的前兩句送別時的景色。風捲黃沙，鋪天蓋地。茫茫千里，黃雲漫天。陽天被遮，天色昏暗。北風狂吹，孤雁離群。皚皚白雪，紛紛揚揚。一片邊塞風光，荒寒而壯闊，不免有幾分悲涼的色彩。正是在這樣的時候，著名音樂家董庭蘭就要離去了。詩人如此描寫環境自然表現了他此時此刻的心情。知已離別，氣氛淒涼，令人爲之心酸。大雪紛飛，天寒地凍，知心的朋友，你要走向何方?

後兩句是詩人對董大進行誠摯的勸慰和勉勵。詩人說，不要憂愁，不要擔心前去的地方無知心的朋友，天下誰不知道你的大名，這一轉折出人意外。語言慷慨豪邁，開朗有力，使人感到前途充滿了希望，充滿了光明；與王勃《送杜少府之任蜀州》中的名句:「海內存知己，天涯若比鄰。」同一格調。

這首詩寫於早年失意之時，雖是贈別之作，卻也流露心中的積鬱，但滿懷信心和力量。

涼州詞①

王　翰②

葡萄美酒夜光杯，③
欲飲琵琶馬上催。
醉臥沙場君莫笑，④
古來征戰幾人回。⑤

【注釋】

①涼州詞：唐代樂府歌辭。涼州，治所在今甘肅省武威縣。

②王翰（生卒年不詳），字子羽，并州晉陽（今山西省太原市）人。年輕時豪放不羈。唐睿宗景雲元年（710）登進士第，歷任汝州長史、仙州別駕。約卒於唐玄宗開元後期（731－741）。《全唐詩》收錄其詩十四首。　③夜光杯：我國西北出產的一種玉石琢製的酒杯。④沙場：指戰場。　⑤征戰：從軍作戰。

【譯文】

我在夜光杯中斟滿葡萄美酒，正要開懷暢飲時，馬上卻傳來彈奏琵琶的聲音，在催人出發了。唱吧！就是喝醉了，躺在沙場上，也請君莫笑。要知道從古到今，出征打仗的人有幾個能活著回來?

【賞析】

王翰是唐代頗有名氣的詩人。大詩人杜甫曾因王翰願與他爲鄰感到榮幸。他善於寫詩，詩多壯麗之詞。他長於絶句，這首《涼州詞》爲古今傳誦的名作。

這首詩是寫征戍的士兵出發前那種豪放而悲涼的心情。第一句寫一個征人斟酒痛飲，飲的是葡萄美酒，用的是夜光杯。葡萄酒、夜光杯都是當時西域所產。詩歌開頭不僅描寫了一場豪華的宴會，而且帶有西域的地方色彩。第二句寫正當出征的士兵開懷暢飲時，忽然，馬上傳來琤琤的琵琶聲，聽調子是催促征人出發了。琵琶是西域樂器，詩人以此渲染異域的氣氛。「欲飲」和「琵琶馬上催」所構成的矛盾深刻地表現了征人的複雜心情。第三、四句説，喝吧！就是喝醉了，躺在沙場上，你也不必笑我，因爲自古以來，馳騁沙場的健兒，有幾個能活著回來呢？王翰是盛唐時期的詩人，盛唐時期的戰爭是複雜的，有反擊侵擾，保衛祖國的戰爭，也有對邊境少數民族進行掠奪的戰爭。這首詩流露的是對不義戰爭的厭倦和不滿的心情。「醉卧沙場」，極沈痛，整首詩給人的感覺是悲壯的。

逢雪宿芙蓉山主人①

劉長卿②

日暮蒼山遠，
天寒白屋貧。③
柴門聞犬吠，④
風雪夜歸人。

【注釋】

①芙蓉山：山東、湖南、福建、廣東等省都有芙蓉山，詩中有所詠何處，不詳。　②劉長卿（約 709 – 約 780），字文房，河間（今河北省河間縣）人。曾任長洲尉，睦州司馬。官終隨州刺史，世稱劉隨州。他擅長五言律詩，自許爲「五言長城」。有《劉隨州集》。　③白屋：茅草蓋頂的房屋，指貧苦人的住所。

④柴門：用柴作的門。謂其簡陋。　犬吠（fei ㄈㄟ肺）：狗叫。

【譯文】

天色傍晚，我在山中趕路，離去處還很遠。氣候寒冷，忽然發現一家簡陋的茅屋，於是前去投宿。夜裡，柴門外的狗叫，原來是房主人冒著風雪回來了。

【賞析】

劉長卿是一位擅長寫山水詩的詩人。這首詩寫旅客傍晚投宿，主人風雪夜歸，文筆凝鍊形象十分突出，是他的代表作之一。

詩的前兩句寫旅客山行和投宿的情景。「日暮」說明天色已是夜晚。「蒼山遠」說明在山中趕路，路程還很遙遠。在這樣的情況下，自然不得不投宿了，何況又「逢雪」哩。這時發現山中一家茅屋，山中人家十分貧困，加上「天寒」，其貧窮可知。主人不在家，他家人仍然接受了旅客投宿的請求，可見山民的淳樸好客。這裡，詩人没有直接寫到人，但是，實際上處處有人。語言極爲精鍊。

後兩句寫投宿以後的事。「柴門」與「白屋」相關，都說明山民的貧窮。「犬吠」是因爲有人來。「風雪」緊承「天寒」，「夜歸人」顯然是主人冒著風雪回來。「風雪夜歸人」，極富詩情畫意。詩人寫到主人夜歸，似未寫完，但戛然而止，含意未盡，給讀者留下了想像的餘地，使人感到餘味無窮。

這首詩寥寥幾筆，寫山民生活如畫，十分精彩。

江畔獨步尋花

杜 甫①

黃四娘家花滿蹊，②
千朵萬朵壓枝低。
留連戲蝶時時舞，③
自在嬌鶯恰恰啼。④

【注釋】

①江：指錦江。 ②杜甫（712－770），字子美，原籍襄陽（今湖北襄陽縣），曾祖時居鞏縣（今河南鞏縣）。杜審言之孫。因曾任檢校工部員外郎，世稱「杜工部」。他是唐代偉大的現實主義詩人。他的詩大膽反映了當時社會的黑暗，政治的腐朽和人民的苦難，內容十分深刻。他的一些優秀詩篇廣泛反映了安史之亂前後唐代社會由盛到衰的急劇變化，成爲時代的一面鏡子，有「詩史」之稱。他的詩今存一千四百多首，有《杜工部集》。 ③黃四娘：杜甫住在成都草堂時的鄰居。蹊（xi ㄒㄧ希）：小路。 ④留連：戀戀不捨。 ⑤自在：自由自在。恰恰：剛好；和諧。

【譯文】

黃四娘家裡種了很多花，幾乎把花間小路都遮住了。成千上萬的花朵壓彎了枝條。當我來到這裡，看到戲遊的彩蝶，正在花叢裡飛來飛去。樹上的黃鶯剛好也在這時唱著優美的歌。

【賞析】

唐肅宗上元元年（760），杜甫居住在成都草堂，在飽經離亂之後，暫得棲身之所，過著比較安定的生活。次年春，有一天，他沿著江畔漫步觀花，寫成《江畔獨步尋花七絕句》。這裡選的是其中第六首。

這首詩寫詩人在黃四娘家觀花。首句點明看花的地點：黃四娘家。「四」是排行，唐人以行第相稱表示尊敬，「娘」是唐代對婦女的美稱。「花滿蹊」說明花種得很多。次句寫群芳鬥艷盛況。花朵繁多，壓彎了枝條。「千朵萬朵」，極言其多。「壓枝低」形容百花正在盛開，好像碩果累累，把枝條都壓低了。「低」字用得不僅準確而且形象。第三句寫花間蝴蝶飛舞。「留連」寫蝴蝶不願離去，從側面寫花的鮮美芬芳。「時時」可見春意盎然。末句寫樹上鶯啼。詩人正在觀賞衆花，樹上傳來悅耳的鶯聲，不禁悠然自得，這反映了他對安定生活的喜悅之情。

絕　句

杜　甫

兩個黃鸝鳴翠柳，①
一行白鷺上青天。②
窗含西嶺千秋雪，③
門泊東吳萬里船。④

【注釋】

①黃鸝：即黃鶯。　②白鷺：即鷺鷥，一種水鳥。　③西嶺：指岷山，在成都的西邊。　千秋雪：千年不化的積雪。

④泊：停船。　東吳：三國時的吳國，因地處江東，也稱爲東吳，指長江下游近海一帶地方。

【譯文】

兩隻黃鸝在翠綠的柳樹上歡樂地歌唱，一行白鷺在蔚藍色的天空自由飛翔。從窗户裡看見；西邊岷山千年不化的積雪。門前還停泊著將要直下東吳的萬里航船。

【賞析】

唐代宗寶應元年（762），嚴武任成都尹，與杜甫詩歌唱和。

七月，嚴武入朝，劍南兵馬使徐知道反，杜甫避難樟州（今四川省三臺縣）二年（764）三月嚴武復爲西川節度使，杜甫因攜家回成都草堂，寫了《絶句四首》。這首詩是其中的第三首。詩人以景物描寫表達了自己的喜悦心情。

首句寫兩個黄鸝在歡快地歌唱。「翠柳」是春天的景色。黄鸝在翠柳中歡唱，充滿愉快的情緒。次句寫一行白鷺飛上晴朗的天空。「青天」，指蔚藍色的天空。晴天一碧，萬里無雲。白色的鷺鷥在藍天的映襯之下，顯得格外美麗。這兩句詩用「黄鸝」「翠柳」「白鷺」「青天」構成一幅色彩鮮明的圖畫，表現了詩人悠然自適的心情，充滿了歡快的色彩。

第三句寫從窗户裡看到岷山積雪。高山積雪，千年不化，故詩人稱爲「千秋雪」。天氣晴朗，從窗户裡眺望遠山雪景，紅妝素裡，分外妖嬈，好像在觀賞一幅優美的水彩畫，觀賞之餘，使人感到無比的歡快。末句是寫詩人向門外看，只見門前江中停泊了「東吳萬裡船」。「東吳」指長江下游三國時吳國所在地。詩人當時想沿長江，過三峽，直下東吳，而門前有「萬里船」，此願不久當可實現。看到船隻，詩人不禁喜上心頭。

這首詩通篇對仗，聲韻鏗鏘；一句一景，渾然一體；寓情於情景，情景交融，表現了詩人爐火純青的藝術成就。

逢入京使①

岑　參②

故園東望路漫漫，③
雙袖龍鍾淚不乾。④
馬上相逢無紙筆，
憑君傳語報平安。⑤

【註釋】

①京：京都。　使：使臣。　②岑參（約 715－770），荊州江陵（今湖北省江陵縣）人。唐玄宗天寶三年（744）進士。官至嘉州刺史。世稱「岑嘉州」。一生曾兩次出塞，任安西、北庭節度使幕僚。他長期生活在塞外，寫了許多優秀的邊塞詩，是著名的邊塞詩人，與高適並稱「高岑」。他的詩想像豐富，筆力雄勁，氣勢豪邁，色彩奇麗。以七言歌行和七絕見長，有《岑嘉州詩集》。　③故園：故鄉。　漫漫：形容路途遙遠。④龍鍾：這裡是沾濕的意思。　⑤憑：請。　君：指入京使。

【譯文】

東望家鄉，路途遙遠。我每想起家鄉，眼淚沾濕了雙袖。現在馬上與你相逢，没有紙筆寫家信，只好請你帶個口信説我在外平安。

【賞析】

唐玄宗天寶八年（749），安西節度使高仙芝入朝，奏調岑參爲右威衛錄事參軍，到節度使幕府掌書記。這首詩作於赴安西途中，抒發了詩人想念家人的愁苦心情。

詩的前的兩句寫詩人因懷念家鄉和親人而流淚。「故園」，不是指江陵，也不是指他先世所居的南陽（今河南省南陽市），而是指京城長安，因爲那裡有詩人的家。「東望」，是因爲安西都護府在今新疆吾爾自治區吐魯番縣西。所以他望長安自然回首向東。望見甚麼？一片茫茫。因爲路途遙遠，望不見長安。不見家，更令人倍加思念，因此不禁淚下淋漓沾濕了兩袖，感情激動而纏綿悱惻。

後兩句點明題意，寫途中遇到入京使，帶口信報平安。一個偶然的機會，詩人在途中遇到入京的使者，因爲身邊没有紙筆，託他帶一個口信，告訴家中的親人自己在外平安無事。至此，詩人的感情由激動而平和，似乎心靈上感到有一種慰藉。這裡以樸素自然的語言表現人們生活中常有的事情，顯得真實而親切，感人肺腑。

楓橋夜泊①

張　繼②

月落烏啼霜滿天，
江楓漁火對愁眠。③
姑蘇城外寒山寺，④
夜半鐘聲到客船。

【注釋】

①楓橋：在今江蘇省蘇州市西楓橋鎮。　泊：停船靠岸。　②張繼（生卒年不詳），字懿孫，兗州（今湖北襄陽縣）人。唐玄宗天寶十二載（753）登進士第。大歷末，曾任檢校部員外郎，鹽鐵判官。詩多旅遊題詠之作，《全唐詩》錄存其詩一卷，計四十七首。　③江楓：水邊的楓樹。　漁火：漁船上的燈火。　④姑蘇：今江蘇省蘇州市。　寒山寺：在今蘇州西楓橋鎮。

【譯文】

一個深秋的夜晚，月亮落下去了，天正降霜，棲息未定的烏鴉不時發出幾聲啼叫。面對著水邊的楓林和漁船上的燈火，詩人滿懷著憂愁，難以入眠。正當此時，姑蘇城外寒山寺傳來夜半鐘聲，客船到了楓橋河畔。

【賞析】

這首詩寫楓橋夜景，表現了詩人在旅途中的愁思，是唐人絕句中膾炙人口的名作。

首句描繪深夜月落的圖景。月亮落下去了，棲息未定的烏鴉不時發出啞啞的啼叫。而天正降霜，寒氣逼人。這裡通過詩人的視覺、聽覺和身體的感覺，寫出一種迷茫、清幽、寂寥的境界。次句寫詩人滿懷愁思，夜不能寐。「江楓」「漁火」是楓橋特有景色。水邊的楓林和漁船上點點燈光，牽動詩人異鄉作客的哀愁，不能入睡。

詩的後兩句寫寒山寺的夜半鐘聲。詩人失眠，所以才能聽到寒山寺傳來的夜半鐘聲。清冷的鐘聲，使月夜顯更加深沈，幽靜。也更加激起詩人思鄉的愁苦。

詩中所寫景物：「月落」「烏啼」「霜滿天」「江楓」「漁火」「夜半鐘聲」，皆詩人所見所聞所感，所以景物都染上詩人感情色彩，景中有情。詩歌集中地表現了詩人孤寂、悵惘的離愁。

由於這首詩歷來受到廣泛地傳誦，寒山寺和楓橋就成了聞名中外的名勝古蹟。

寒　食①

韓　翃②

春城無處不飛花，
寒食東風御柳斜。③
日暮漢宮傳蠟燭，④
輕煙散入五侯家。⑤

【注釋】

①寒食：即寒食節。清明前一天（一說清明前兩天）不生火，不點燈，只吃冷食，俗稱寒食節。相傳是春秋時晉文公紀念介子推而這樣做的，介子推抱木焚死，於是就在這一天禁火寒食。　②韓翃（生卒年不詳），字居平，南陽（今河南省南陽市）人，天寶十三年（754）進士。官至中書舍人。爲「大歷十才子」之一。其詩多送別酬贈之作，《全唐詩》錄存其詩三卷。明人輯有《韓君平集》。　③御柳：皇帝宮苑中的柳樹。④漢宮：借指唐宮。　傳：遞送。　⑤五侯：東漢桓帝封單超爲新豐侯，徐璜爲武原侯，左琯爲上蔡侯，具瑗爲東武陽侯，唐衡爲汝陽侯，世稱「五侯」，他們都是宦官。這裡借指唐朝當時皇帝寵信的宦官。

【譯文】

春天，長安城中處處飛舞柳絮楊花。寒食時節，在東風的吹拂下，皇帝宮苑中的柳葉輕輕飄楊。傍晚時，因寒食禁火，家家没有燈火。但在漢宮裡卻傳遞著皇帝特賜的蠟燭，蠟燭點燃的陣陣輕煙，傳入五侯的家中。

【賞析】

相傳春秋時，介子推隱居在綿山，被火燒死，晉文公爲了悼念他，就在這一天禁火寒食，以後就有了寒食節。這首詩表面上是歌誦寒食時的景色，實際上是一首諷刺詩，諷刺當時宦官弄權，朝政腐敗。

前兩句寫京城暮春景色。「春城」，點明時令是春天，地點在京城。春天的京城長安可寫的景物很多，詩人卻著眼處處飛花，說明已是暮春。「寒食」「東風」「御柳斜」都是從「春」字來。寫柳是因爲寒食有折柳插門習俗。「柳」字前加「御」字，說明是皇帝宮苑中的柳樹，從而引出漢宮傳燭之事。後兩句寫寒食禁火，漢宮傳燭五侯，說明皇帝對他們的寵愛。這是借漢朝的事以喻唐朝的事。唐肅宗、代宗以來，宦宮擁立皇帝，專擅朝政，詩人有感於此，寫了這首詩，寫得含意深刻，表現含蓄，富於情韻。

夜　月

劉方平①

更深月色半人家，②
北斗闌干南斗斜。③
今夜偏知春氣暖，④
蟲聲新透綠窗紗。⑤

【注釋】

①劉方平（生卒年不詳），洛陽（今河南省洛陽市）人。生活在開元、天寶之際。能詩善畫，一生隱居不仕。作詩以絶句見長。《全唐詩》錄存其詩一卷。　②更（geng　ㄍㄥ　耕）：古代夜間的計時單位。一夜分爲五更，每更約爲兩小時。　③北斗：在北方天空排列成斗形的七顆星，即大熊星座。　闌干：橫斜的樣子。　南斗：二十八宿之一，有六顆星，排列成斗形，常見於南方天空。　④偏知：出乎意外的感知。　⑤新：初

【譯文】

夜深了，西斜的月亮只照了半個庭院。天上的北斗星、南斗

星也都已橫斜。詩人今夜出乎意料地感到春天的溫暖，外邊小蟲的鳴叫聲透過綠紗的窗帘。

【賞析】

這首詩寫初春夜月和詩人的感受，寫得清新而有情致。

詩的前兩句寫月夜的景色。「更深」，指三更以後。這時，月亮已經西斜，只能照到半個庭院。天空的北斗星、南斗星也都已橫斜。這裡從庭院中的月色寫到天上的星星。我們完全可以想像到詩人不眠的情景。深夜是這樣的寧靜，詩人爲甚麼不眠呢？詩的後兩句作了説明。窗外傳進了小蟲的鳴叫聲，詩人感到了春天的溫暖。原來是大地春回，節物感人。爲什麼詩人感知春天的到來而不能入睡呢？是因爲懷念家鄉？惦記親人？還是感嘆身世？詩人避而不提。但是，在言詞之外，似有一種惆悵之情，這是我們可以感覺到的，只是表現得比較含蓄婉轉。

在詩人的筆下，初春月夜是美麗的。皎皎明月，閃閃星星，靜靜庭院，暖暖春光，唧唧蟲鳴和綠紗窗帘，構成一幅靜謐的初春月夜的圖畫。使人感到春意盎然，充滿生機。詩人，又是畫家，他的觀察細緻，感覺敏銳，因此，他所捕捉的形象使人感到富於詩情畫意。

滁州西澗①

韋應物②

獨憐幽草澗邊生，③
上有黄鸝深樹鳴。④
春潮帶雨晚來急，
野渡無人舟自横。⑤

【注釋】

①滁（chu ㄔㄨˊ 除）州：今安徽省滁縣。 西澗：在滁縣城西，俗名上馬河。 ②韋應物（737－約791），京兆長安今陝西省西安市）人。爲人任俠使氣，狂放不羈。歷任滁州刺史、江洲刺史、左司郎中、蘇州刺史。世稱韋蘇州，又稱韋江州、韋左司。其詩高雅閒淡，有《韋蘇州集》。 ③憐：愛。 幽：深。 ④黄鸝：即黄鶯。 深樹：茂密的樹木。 ⑤渡：渡口。

【譯文】

我很喜愛這澗邊生長的深草，在那枝葉繁密的樹上有黄鶯悦耳的啼叫聲。傍晚，一場春雨過後，河上的潮水流得更急了。在荒野的渡口上，不見人影，只有一條小船悠閒地橫在岸邊。

【賞析】

唐德宗建中二年（781），韋應物任滁州刺史。這首詩是他遊西澗後所作。詩中描繪了滁州西澗春天的幽美景色。

詩歌一開始，詩人就表示自己偏愛澗邊深幽茂密的野草。春天，萬紫千紅，景色宜人。詩人爲甚麼只是偏愛澗邊的野草呢？這和詩人恬淡的胸襟有關係。野草生長在澗邊，自甘寂寞，安貧守節，正合詩人之意，所以他「獨憐幽草」。次句寫黃鸝在樹上啼叫。黃鸝的歌唱是美妙動聽的，爲春天增色不少。這兩句由茂幽密的野草寫到鳴禽，都是春天的景象。

後兩句寫一場春雨之後，澗水驟漲，荒野的渡口無人來往，渡船繫在岸邊，在潮水中悠悠晃蕩。以「急」字寫春雨潮急，如聞其聲；以「橫」字狀孤舟空泊，如見其景，用字極爲精警傳神。詩人寫春雨野渡，歷歷如畫，深爲後世贊賞。特別是「野渡無人舟自橫」一句，既有詩情，又富畫意。後世文人仿此寫詩，畫家以此爲題，爭相作畫頗有影響。

塞下曲① (其二)

盧　綸②

林暗草驚風，③
將軍夜引弓。④
平明尋白羽，⑤
没在石棱中。⑥

【注釋】

①塞下曲：唐代樂府詩題，出於漢樂府《出塞》《入塞》等曲，歌詞内容大都反映邊疆將士生活。　②盧綸（748－約799），字允言，河中蒲（今山西省永濟縣）人。爲「大歷十才子」之一。曾任河中元帥府判官，官至檢校户部郎中。其詩多送别贈答之作，有《盧綸集》。　③林暗：夜間林中黑暗。草驚風。謂風吹草動。　驚，驚動。　④引弓：拉弓。⑤平明：天剛亮。　白羽：裝飾在箭尾的白色羽毛，指箭。⑥没：陷入。　石棱（leng　ㄌㄥˊ　楞）：石頭的棱角。

【譯文】

夜間樹林中風吹草動，像是老虎來了。將軍拉開弓，對著草叢射了一箭。天亮後去尋羽箭，發現箭頭已經射進大石頭中。

【賞析】

《塞下曲》，原作共六首，這是第二首。這首詩寫將軍夜獵，贊頌將軍英勇果敢的精神。

前二句寫將軍夜見林中風吹草動，以爲老虎來了，於是拉弓射箭。「林暗」，點出時間在夜晚，也交代了打獵的場所在幽暗的樹林裡。正因爲是在夜間，才有可能發生這樣的事。如果是在白天，樹林中風吹草動，看得一清二楚就不可能發生這樣的事。「草驚風」，寫風吹草動。古人有「雲從龍，風從虎」的傳説，所以用風吹草動來渲染猛虎的到來。由於夜晚天黑林深，不能肯定是否真的有虎，但是出現了老虎到來的跡象，將軍就拉弓射箭了。這裡寫將軍夜獵，形象十分鮮明生動。

後兩句寫翌晨尋箭，發現箭射的不是老處而是射入石中。這是一個奇蹟。詩人的奇思妙想顯然受了司馬遷《史記》的啓發。《史記．李將軍列傳》説，有一次李廣出去打獵，看到草裡一塊石頭，以爲是老虎，一箭射去，射中石頭，把整個箭頭都射進石頭裡去了。這個具有戲劇性的故事，經詩人提鍊加工，寫出了如此富於藝術魅力的小詩。

塞下曲（其三）

盧綸

月黑雁飛高，①
單于夜遁逃。②
欲將輕騎逐，③
大雪滿弓刀。

【注釋】

①月黑：没有月亮的黑夜。 ②單（chan ㄔㄢ 蟬）于：古代匈奴君主的稱號。這裡借指當時入侵唐朝邊疆的異族將領。 遁：逃跑。 ③將（jiaing ㄐㄧㄤ 江）：率領。輕騎（ji ㄐㄧˋ 際）：輕裝快速的騎兵。 逐：追趕。

【譯文】

在一個没有月亮的黑夜裡，大雁高飛，敵軍將領趁著天黑帶著士兵逃跑了。正當將軍要率領輕裝快速的騎兵追擊敵軍的時候，漫天大雪飄滿了弓刀。

【賞析】

這首詩是《塞下曲》六首中的第三首，寫將軍即將率領騎兵追擊敵人，表現了勇猛頑强的英雄氣概。

詩的前兩句，寫單于趁夜黑逃遁。「月黑」寫時間，是一個沒有月亮的黑夜。「雁飛高」，點季節，是邊塞的秋天。茫茫黑夜，秋風蕭瑟大雁高飛，渲染出一種肅殺的氣氛。大雁爲甚麼高飛，原來是因爲單于率衆逃遁而受驚。一片茫茫的黑夜，又怎麼能看到大雁高飛呢？當然看不到。這是聽到大雁鳴聲從高處來。由聽覺感到的。寫單于潰退，襯以「月黑」「雁飛高」，正寫出了敵人的慘敗。而敵人的慘敗，也從側面對表現邊塞將士昂揚的鬥志、英勇殺敵的精神起了烘托作用。

詩的前兩句寫敵人。後兩句寫邊塞將士，寫將軍即將率領輕騎追擊敵人。「欲」字是表示準備追擊，這顯然已發現敵軍逃遁。率領大軍追擊潰逃的敵人，諸多不便。而率領輕裝快速的騎兵追擊潰逃的敵人，速度快捷，行動靈活，往往可以出奇制勝。「輕騎逐」寫輕騎追擊敵人。這雖然是即將進行的事，但是已經含蓄地表現了勝利在望的氣勢。邊塞的氣候多變突然下起大雪來，所以「大雪滿弓刀」。我們自然會想到「胡天八月即飛雪」的奇觀。在大雪紛飛中追擊敵人，更生動地表現了邊塞將士勇猛頑强，一往無前的英雄氣概。寫得雄壯豪放又含蓄不盡。

上汝州郡樓①

李　益②

黄昏鼓角似邊州，③
三十年前上此樓。
今日山川對垂淚，
傷心不獨為悲秋。④

【注釋】

①汝州：郡治在今河南省臨汝縣。　②李益（748－約727)，字君虞，隴西姑臧（今甘肅省武威縣）人。大歷四年(769）進士。歷任秘書少監、太子賓客等職，官終禮部尚書。他擅長七絶，以邊塞詩最爲著名。他的詩音律和美，爲當時樂工所傳唱。有《李益集》。　③鼓角：指鼓角聲。古代軍中以擊鼓吹角爲信號。　邊州：邊境的州郡。　④不獨：不只是。

【譯文】

黄昏時候，我登上汝州城樓，傳來的戰鼓號角聲，好像被敵人侵擾的邊州。三十年前如此。三十年後，我再登此樓，依然如此。面對殘破的山河，不禁流下眼淚。我傷心可不只是爲了悲秋。

【賞析】

詩人在二十二歲考中進士之後，任鄭縣主簿，曾登過汝州郡樓。三十年，他舊地重遊，再登郡樓，撫今思昔，不禁感慨萬端，就寫下了這首詩。詩人觸景生情，抒寫了自己登樓時的感慨，表現了他對國事的憂慮和擔心。

這首詩大約寫於唐德宗貞元二十年（804）。唐代在安史之亂以後，藩鎮割據，戰禍頻繁，社會動亂。汝州也常常是戰場。所以，詩人說：「黃昏鼓角似邊州」。黃昏時的鼓角聲已充滿了戰爭的氣氛，「似邊州」則進一步說明汝州戰亂的存在，因爲當時唐代邊境州郡常常受到敵人的侵擾。「三十年前上此樓」，詩人三十年前登此樓時所見所聞如此，今天再登此樓亦復如此，人已衰老，戰亂依舊，不禁感慨繫之。

第三、四句寫詩人面對殘破的山河傷心流淚。汝州屢遭戰爭的破壞，眼前是一片淒涼的景象，怎不令詩人傷心流淚呢？詩人傷心流淚「不獨爲悲秋」。「悲秋」，典出戰國時宋玉。宋玉《九辯》說：「悲哉秋之爲氣也」。從此「悲秋」就成爲中國古代詩歌的一項常見的內容。這裡，詩人不從正面點破傷心流淚的原因，留下弦外之音，讓讀者去思索，使人感到餘音裊裊，悠然不盡。

夜上受降城聞笛①

李　益

回樂烽前沙似雪，②
受降城外月如霜。
不知何處吹蘆管，③
一夜征人盡望鄉。

【注釋】

①受降城：唐代在黃河以北地區建了西、中、東三個受降城爲了防禦突厥的入侵。這裡可能指中受降城，地址在今內蒙古自治區五原西北。　笛：指蘆管。　②回樂烽：指回樂縣的烽火臺。回樂縣舊址在今寧夏回族自治區靈武縣西南。烽，一作「峰」。誤。　③蘆管：樂器名。以蘆華爲管，管口有哨簧，管面有孔，下端有銅喇叭嘴，與蘆笳相類。

【譯文】

回樂縣烽火臺前的茫茫沙漠好像一片皚皚的白雪，受降城外的月光映照在地上皎潔如霜。不知甚麼地方有人吹奏蘆管，感人的樂曲使長期出征在外的人一夜不能入眠，思念自己的故鄉。

【賞析】

李益是中唐時期的著名詩人，當時與李賀齊名。他擅長七言絕句。明代胡應麟説：「七言絶開元以下，便當以李益爲第一。」（《詩藪内編》卷六）評價是很高的。

李益曾居邊塞十餘年，熟悉邊塞生活，寫了不少動人的邊塞詩。這首詩寫征人的鄉愁，是中唐七絶中的名作，曾被人説成中唐絶句之冠。開頭兩句，以對偶句描繪邊塞苦寒的景象：回樂烽前，沙色似雪；受降城外，月光如霜。回樂受降城都是當時邊塞地方，烽火臺更是具有特徵的邊塞景物。詩歌一開始連用兩個地名，兩個比喻，自然而生動地把邊塞的景色呈現在讀者的面前，使人感到苦寒逼人。

一、二句寫的是登樓所見到的景物，第二句寫的是所聞的聲音。正是在這樣的寒冷的月夜裡，不知何處傳來陣陣的蘆管聲，幽咽哀怨的蘆管聲頓時勾起徵人懷念故鄉，也是很自然的事情。所以第四句寫鄉愁。值得注意的是「盡」字，思鄉的不僅是自己，而是所有的徵人。「舉首望明月，低頭思故鄉」，人同此心，心同此理。一個「盡」字，使詩境大大深化，容納了更爲豐富的内容。

李益七絶學王昌齡，語言精鍊，音節和諧，形象豐富，韻味深長。由於時代的變化，他的詩染上了悲涼的色彩。

早春呈水部張十八員外①

韓　愈②

天街小雨潤如酥，③
草色遥看近卻無。
最是一年春好處，
絕勝煙柳滿皇都。

【注釋】

①呈：呈送。　　水部張十八員外：即張籍。張籍是韓愈的朋友，同時代的詩人。他曾任水部員外郎，在兄弟間又排行第十八，所以稱他爲水部張十八員外。　　②韓愈（768－824），字過之，南陽（今河南孟縣）人。唐代傑出的散文家、詩人。郡望昌黎，世稱韓昌黎。歷任兵部侍郎、京兆尹，官終吏部侍郎，世稱韓吏部。他是古文運動的領導者，提倡散文，反對駢文，產生深遠的影響。他的詩俊偉奇崛，别開生面，開創了一個新的流派。有《昌黎先生集》　　③天街：京城的街道。　　酥：酥油，形容初春細雨的滋潤。　　④絶勝：絶對勝過。　　皇都：指京城長安。

【譯文】

一場春雨過後，京城的街道濕潤如酥油。草芽萌出，遠看一青蔥，近看卻看不見了。一年中最好的是這早春的景色，大大勝過滿城柳絮如煙的艷麗風光。

【賞析】

這是一首寫早春景色的小詩。韓愈寫完之後，寄給他的好友張籍，所以詩題爲《早春呈水部張十八員外》。

這首詩緊扣「早春」落筆。首句寫春雨。大地回春，草木皆由枯轉榮，急需春雨的滋潤。春雨細密滑潤，所以說「潤如酥」。因爲詩人把握了春雨的特徵，所以寫得十分優美動人。次句妙絕。草芽剛剛冒出，疏而不密。經春雨滋潤，青色轉明，遠看只見一片青青之色，近看反而看不清甚麼顏色。描摹傳神，顯示了詩人深入細緻的觀察能力和高度的語言技巧。

三、四句品評春色。一年之計在於春，而在美好的春光中，以早春的景色最好。所以說：「最是一年春好處」。早春時節，大地剛剛復甦，萬物欣欣向榮，充滿生氣，充滿希望，比柳絮如煙，繁花似錦的春光更爲可愛。所以說：「絕勝煙柳滿皇都」。詩人熱愛早春，說明他對生活有更深一層的感受，體現了他對萌芽狀態美好事物的珍惜，可謂別具慧眼。

秋　思

張　籍①

洛陽城裏見秋風，②
欲作家書意萬重。③
復恐匆匆說不盡，
行人臨發又開封。④

【注釋】

①張籍（約768－約830），字文昌。原籍蘇州，生長在和州（今安徽省和縣）。貞元十四年（798）進士，歷任太常寺太祝，水部員外郎等職，官終國子司業，世稱張司業。他關心人民疾苦，長於寫作樂府歌行。與王建齊名，世稱「張王」。有《張司業集》。　②洛陽：今河南省洛陽市，唐代的陪都。　③家書：家信。　重（chong　ㄔㄨㄥˊ　蟲）：層。　④行人：捎信的人。　臨發：即將出發。

【譯文】

洛陽城裡颳起了秋風，不禁使我想起了家鄉的親人。我想給家裡人寫一封信，有許許多多話要說。信寫完後封好，又覺得太匆忙，有些話還没有説出來，所以在捎信人即將出發時，又拆開信封。

【賞析】

這首詩借托人捎信，抒發自己思念家人的深摯感情。首句寫詩人客居洛陽，見秋風又起。這是點明地點和時間。秋風蕭瑟，草木搖落，天氣轉涼，肅殺的秋光，勾起客子飄泊異鄉的孤寂之感，引起對家鄉親人的思念。所以次句寫出自己對家鄉親人的思念。因爲思念就寫一封家信，可是要説的話很多，紙短情長，怎麼能説得完呢？第三、四句是説詩人家信寫完封好以後，還感到倉猝之間意猶未盡。所以在捎信人就要出發時，又拆開信封，再作一些補充。「復恐」二字，寫詩人的疑惑和擔心，唯恐家信中還遺漏了甚麼，所以在捎信人即將出發時又開啓信封。這裡表現詩人的心理活動，可謂刻畫入微。

這首詩寫的是日常生活中的一件極爲平凡的小事。然而詩人通過細緻的心理描寫和生動的細節描寫，鮮明地表現了一個他鄉作客的人對家鄉親人深切的懷念。語言樸素、親切，感情真摯、深厚，扣人心弦。王安石有一首《題張司業詩》。他評張籍詩説：「看似尋常最奇崛，成如容易卻艱辛。」道出了詩人創作的甘苦，極爲精到。

題都城南莊①

崔　護②

去年今日此門中，
人面桃花相映紅。③
人面只今何處去，
桃花依舊笑春風。④

【注釋】

①都城：指唐代京城長安（今陝西省西安市）。　南莊：長安南郊的村莊。　②崔護，生卒年不詳，字殷切，博陵（今河北定縣）人。貞元十二年（796）進士。官嶺南節度使。《全唐詩》錄存其詩六首，以《題都城南莊》最有名。　③人面：指詩中女子的容顏。　只今：如今。　④笑春風：形容桃花在春風中盛開。

【譯文】

去年今天，在這個院門裡曾見到一位姑娘，她站在院門裡桃花下，盛開的桃花把她映照得更加美麗。今年再來時，姑娘不知到哪裡去了，只有那桃花依舊迎著春風盛開。

【賞析】

這是一首愛情詩。在孟棨的《本事詩》裡記載了這樣一個故事：崔護參加進士考試時，寄居長安。曾於清明節到長安南踏青，途經一村莊，因爲口渴，叩一院門討水喝。開門的是一位美麗的姑娘，倒上一杯水請他喝。她站在桃樹下含情脈脈地注視著崔護。崔護告辭，姑娘送到門口，雙眼飽含著依依不捨之情，崔護也很留戀。第二年清明節，崔護重遊舊地，見門牆依舊，只是上了鎖。姑娘不知到哪裡去了，崔護十分惆悵，就在門上題了這首詩。

詩的首句點出時間、地點。這樣寫給人一種真實之感。次句寫人。這位姑娘長得很美，詩人不直接寫她的美，而用桃花映襯，渲染她像桃花一種美。語言含蓄，流露了詩人喜悅的心情。第三句與次句緊接，然而急轉直下，表現了詩人的焦慮。末句重在「依舊」二字，桃花依舊笑迎春風，引起詩人美好的回憶。而美麗的姑娘卻不見了，加劇了詩人的惆悵和失望。

這首詩的語言明白如話，而所含蘊的感情卻波瀾起伏，跌宕多變，感人至深，亦頗有影響。「人面桃花」的成語即由此而來，前人還以這個故事爲題材偏成戲劇上演，流傳廣泛。

竹枝詞①

劉禹錫②

楊柳青青江水平，
聞郎江上唱歌聲。
東邊日出西邊雨，
道是無晴卻有晴。

【注釋】

①竹枝詞：原是古代四川民歌。這是劉禹錫被貶到夔州（治所在今四川省奉節縣）時，摹仿當地民歌創作的小詩。 ②劉禹錫（772－842），字夢得，洛陽（今河南省洛陽）人。二十二歲登進士第。官監察御史。與柳宗元等參與王叔文永貞革新運動失敗被謫，貶朗州司馬，後轉爲連州、夔州、和州等地刺史，官至檢校禮部尚書兼太子賓客。世稱劉賓客。劉禹錫在當時詩壇極負盛名，被白居易稱爲「詩豪」。有《劉賓客文集》。 ③晴：「晴」和「情」同音，是民歌中，常用的諧聲雙關語。

【譯文】

楊柳青青，江水如鏡。姑娘忽然聽到江上小伙子唱歌的聲音。東邊出太陽，西邊卻下雨，説是没有晴（情）卻有晴（情）。

【賞析】

劉禹錫在夔州時，學習當地民歌，寫了兩組《竹枝詞》。一組九首，一組兩首。這裡所選的是兩首一組中的第二首。這首詩寫一個姑娘聽到情郎歌聲後的心理活動。

詩的第一句寫景，江邊楊柳青青，江中水流如鏡，正是一個風和日麗的春天。第二句寫姑娘聽到江上的歌聲。上句寫江水，下句由江水引出江上的歌聲，十分自然。在美好的春光中，姑娘聽到江上傳來的歌聲，歌聲是那麼熟悉，那麼動聽，不能不激起情感的波瀾。第三、四句寫姑娘的內心活動。姑良的心裡早已愛上這個小伙子，而這個小伙子是不是愛姑娘呢？姑娘半信半疑。雖然歌聲中表示了愛情，但是仍叫人捉摸不定。「晴」是偕音雙關語，從字面看寫的是天氣晴朗，然而，「晴」與「情」同音，語出雙關。六朝樂府民歌諸如此類者甚多。這種詞語利用諧音作手段，一個詞語同時兼顧兩種不同的意義。

這首詩語言淺顯、明白、感情淳樸，在表現手法上吸收了民歌的藝術特點，具有濃厚的民歌風味。

金陵五題①

石頭城②

劉禹錫

山圍故國周遭在，③
潮打空城寂寞回。
淮水東邊舊時月，④
夜深還過女牆來。⑤

【注釋】

①金陵五題：是劉禹錫詠嘆金陵古蹟的五首詩。　②石頏城：故址在江蘇省南京市清涼山。戰國時是楚國的金陵城，三國時吳國孫權重建改名石頭城。　③：指前朝的國都。　周遭：指石頭城四周的城牆。　④淮水：秦淮河。　⑤女牆：城上的城垛。

【譯文】

群山環繞著六朝的故鄉，那四周的城牆還依然存在。江潮拍打著荒廢的空城，卻又寂寞地退了回去。秦淮河東邊升起的月亮和過去一樣，夜深的時候，依然照過城牆來。

【賞析】

這首詩是劉禹錫《金陵五題》這組懷古詩中的第一首，也是他的最著名的詩篇之一。劉禹錫曾在這組詩前的序中說，白居易喜吟這五首詩「嘆賞良久」。可見當時白居易對這組詩的評價是很高的。

石頭城是三國的吳、東晉、南朝的宋、齊、梁、陳的都城，十分繁華。隋唐以後，此城遂廢。這首詩的前兩句寫石頭城中已荒廢，而城外山水依舊。首句的「在」字用得很好。這個「在」字告訴我們：環城的群山依然存在，四周的城牆依然存在，江水依然存在，然而石頭城卻是「空城」了。有時江潮漲了，潮水拍擊著城腳，又退回去了，一切歸於寂靜。古城的荒廢所引起的盛衰之感，使詩人爲之嘆息。這兩句是對偶句，一句寫山，一句寫水。靜靜的群山，是寫靜態，自起自落的江潮，是寫動態。一靜一動，寫出古城的荒涼寂寞。使人感到形象鮮明，富有藝術效果。後兩句寫月照古城，更給人以荒涼寂寞之感。「淮水」，秦淮河，六朝時，這是金陵最繁華的地方。「舊時月」，就是這個月亮，過去照過秦淮河的繁華，今日又照著古城的冷落。「月」加上「舊時」兩字，頗能發人思古之幽情。「舊時月」在夜深的時候，還照過女牆來。「夜深」是一個特定的時刻。夜深寂寂，月照空城，更能引起人們的寂寞之感、悵惘之情。「還」字的內涵十分豐富，在古城繁華時，明月「過女牆來」，在古城荒廢時，明月「還過女牆來」，明月是古城興廢的見證。一個「還」字寫盡古城今昔的盛衰。這首詩描寫古城的荒涼景象，充滿了盛衰興亡之感。

金陵五詠

烏衣巷①

劉禹錫

朱雀橋邊野草花，②
烏衣巷口夕陽斜。
舊時王謝堂前燕，③
飛入尋常百姓家。

【注釋】

①烏衣巷：故址在今江蘇省南京市秦淮河南岸，東晉時豪門世族王導和謝安就住在這裡。　②朱雀橋：在烏衣巷附近，是秦淮河上的灣橋。　野草花：野草開花。　③王謝：指東晉宰相王導和謝安。

【譯文】

朱雀橋邊長滿野草野花，烏衣巷口映照著一抹斜陽。昔日王、謝兩家堂前的燕子，飛進普通百姓的家裡作窠了。

【賞析】

這首詩是《金陵五題》的第二首，寫豪門世族的盛衰。烏衣巷原是孫吳時戍守石頭城的軍營，士兵都穿黑衣，所以稱爲烏衣巷。東晉時，王導和謝安兩家先後住在這裡。這兩家威勢顯赫，達官貴人往來不絕，分外豪奢繁華。如今夕陽西下，充滿没落衰敗的景象。朱雀橋在烏衣巷附近，是秦淮河上的浮橋，是當時的交通要道。一個是長滿野草野花，一個是映照著一抹夕陽。這種景象是象徵著貴族之家的衰敗。當年烏衣巷裡車馬盈門，而今是門前冷落；當年朱雀橋上熙熙攘攘，而今是野草叢生。從前是榮華富貴，如今是蕭條荒涼，一盛一衰，道盡了人世的滄桑。

詩的後兩句是千古傳誦的名句，進一步寫人事的變化。昔日在王導、謝安兩家堂前作窠的燕子，而今飛進了普通百姓家的屋檐下去了。在夕陽西下的時候，燕子歸巢本是一件極爲平常的小事，而詩人卻以這件小事生動地説明一個深刻的道理：高門大族的榮華富貴，都是短暫的。最後總逃不過衰敗没落的命運。詩人觀察細微，想像豐富，他不直接點出王、謝兩家的衰敗，只是説燕子改換了門庭。這樣寫，形象生動，語意含蓄，流露了他對世事滄桑的深沈感慨。

憫　農①

李　紳②

鋤禾日當午，③
滴汗禾下土。
誰知盤中飧，
粒粒皆辛苦。

【注釋】

①憫：憐憫。　②李紳（772－846），字公垂，祖籍亳州譙縣（今安徽省亳縣），其父遷居潤州無錫（今江蘇省無錫市），遂爲無錫人。元和元年（806）登進士第。任翰林學士，後來做過宰相和淮南節度使。曾參加中唐時期的新樂府運動，提倡反映社會現實的新樂府。《全唐詩》錄存其詩四卷。　③禾：禾苗。

【譯文】

正當中午，農民在烈日下除草，汗珠一滴一地滴在禾苗下的土地上。誰知道他們碗裡的飯，每一粒都是農民辛辛苦苦得來的。

【賞析】

這首詩是《憫農二首》（一稱《古風二首》）的第二首。第一首是這樣寫的：「春種一粒粟，秋收萬顆子。四海無閒田，農夫猶餓死。」這是說，當時農民雖然辛勤勞動，生產了很多糧食，而自己卻兩手空空，還要慘遭餓死。詩人對黑暗的封建統治進行了猛烈的抨擊。第二首詩寫農民勞動的艱辛。告訴人們，每一粒糧食都是來之不易的。

詩的前兩句寫農民在烈日下勞動。時當中午，烈日高照，農民在除草，點點汗珠滴在土地上。表現了農民勞動的辛勤和艱苦。詩人在第一首詩裡說，春天種上一粒糧食的種子，秋天將收獲千千萬萬顆糧食。糧食的豐收是怎樣來的呢？這裡補敘：是農民用血汗換來的。這裡描寫的勞動情景不是生活中個別的、偶然的現象，而是富有典型意義的。

後兩句是格言，其含意十分深刻。社會上有一些青少年從小過著優裕的生活，不知糧食的來之不易，在日常生活中浪費糧食的現象是比較常見的。這樣的詩句可給他們痛下針砭，也發人深省。詩句中蘊含著詩人深沈的感慨，使人感到十分親切。

這首詩寫得通俗易懂。詩人不拘平仄，用古絕句的形式來表現，顯得質樸厚重，增強了詩的藝術魅力。

問劉十九①

白居易②

綠蟻新醅酒，③
紅泥小火爐。
晚來天欲雪，
能飲一杯無？④

【注釋】

①劉十九：河南登封人，白居易在江州時的友人，名字不詳。　②白居易（772－846），字樂天，號香山居士，下邽（今陝西省渭南縣）人。生於河南省新鄭縣。歷任蘇州、杭州等地刺史、官至太子賓客、太子少傅。他是新樂府運動的倡導者。他的詩深入淺出，以平易通俗著稱。今存詩近三千首，有《白氏長慶集》。　③綠蟻：酒面上的浮沫。　醅（pēi　ㄆㄟ　胚）：没有過濾的酒。　④無：疑問詞，否。

【譯文】

我新釀成還没有過濾的米酒，正暖在紅泥的小火爐上。看起來晚上要下雪了，你能不能來和我共飲一杯呢？

【賞析】

這首詩是白居易元和十二年（817）冬在江州司馬任上作的，是詩人寫給一位友人的詩。詩的內容是請友人喝酒。

詩的第一句寫酒。唐代的酒像今天的米酒。「綠蟻」指新釀的米酒，還未過濾，酒面上的浮沫，微帶綠色，細小如蟻。這句雖是寫酒，但是，實際上已隱含此酒可以待客的意思。表現得比較含蓄。第二句寫紅泥的小火爐。氣候寒冷，小火爐既可取暖，也可溫酒。「紅泥」，色澤鮮明，給人以溫暖的感覺。「小」寫火爐的精細小巧，給人以美觀的感覺。如此寫酒和小火爐，使人感到親切、舒適，對被邀的友人充滿誘惑力。第三句筆頭一轉，寫到天氣。天氣轉冷，看來要下雪了，正好可以促膝清談。這一句雖然是描寫環境，也和請友人同飲有關。末句以探問的口吻提出邀請：能不能來和我同飲呢？這樣寫，給讀者留下想像的餘地。當然可以設想，劉十九一定會欣然應邀的。

五絕是一種篇幅短小的詩體，詩人以小詩寫小事，層層渲染，寫得親切感人，表現了詩人純熟的藝術技巧。

暮江吟①

白居易

一道殘陽鋪水中，②
半江瑟瑟半江紅。③
可憐九月初三夜，④
露似真珠月似弓。

【注釋】

①吟：吟誦。 ②鋪：鋪展。 ③瑟瑟：碧綠色。 ④憐：愛。

【譯文】

傍晚，一道夕陽的光線斜照在江面上。使得照到的一半江水映成紅色，照不到的一半江水呈現碧綠色。誰不喜愛這九月初三的夜晚啊，露水如晶瑩珍珠，新月像掛在空中的彎弓。

【賞析】

唐穆宗長慶二年（822）七月，白居易被任命爲杭州刺史。這首詩是詩人赴杭途中寫的。

詩的前兩句，寫黃昏時的景色。第一句寫夕陽照在江面上。

「鋪」字很形象。因爲黄昏時，夕陽將近地平線，陽光幾乎是貼著地面照過來的。「鋪」準確地描繪出這種情景。第二句寫夕陽映照的江水。在夕陽照射江面上有兩種不同的顏色：夕陽照到的一半江水映成紅色，夕陽照不到的一半江水呈現碧綠色。在兩種不同顏色映襯下的夕陽，顯得格外嫵媚迷人。

秋天的黄昏是美麗的，殘陽斜照，水波粼粼，構成一幅色彩斑斕的圖畫，令人陶醉。

詩的後兩句，寫秋夜月出後的景色。第三句寫詩人特別喜愛九月初三的夜晚。這裡點出時間。「九月初三夜」本是一個普通的深秋夜晚，詩人爲甚麼這樣喜愛呢？第四句寫這個夜晚的景物：江邊野草上的露水好似晶瑩的珍珠，新月像是掛在空中的彎弓。原來九月初三夜晚的景色這般奇麗，所以詩人如此喜愛。

秋天的夜晚是寧靜的和諧的。清露如珠，新月似弓，勾勒出一種清幽的境界，流露了詩人熱愛自然的情趣。

這首七絶繪出兩幅不同的畫面。首先描繪的是殘陽斜照下的江水，然後隨著時間的推移，很自然地繪出秋夜的清露和新月。寓情於景，字裡行間蘊涵著詩人輕鬆愉快的心情。格調清新，使人感到自然可喜。

江　雪

柳宗元①

千山鳥飛絕，
萬徑人蹤滅。②
孤舟蓑笠翁，③
獨釣寒江雪。

【注釋】

①柳宗元（773－819），字子厚，河東解（山西省運城縣解州鎮）人。世稱柳河東。貞元九年（793 年）進士。參加王叔文集團革新政治的活動，任禮部員外郎。革新失敗後，被貶爲永州司馬，後遷柳州刺史，故又稱柳柳州。他與韓愈倡導古文運動，並稱「韓柳」。他的詩，風格清峭，卓然成家。有《柳河東集》。

②徑：小路。　蹤：腳印。　③蓑（suo　ㄙㄨㄛ　梭）笠翁：披蓑衣，戴雨笠的漁翁。

【譯文】

群山中不見飛鳥的影子，道路上沒有行人的縱跡。只見一位披蓑衣，戴斗笠的漁翁，獨自一人駕著小舟冒雪在寒冷的江上垂釣。

【賞析】

王叔文集團革新失敗後，柳宗元被貶爲永州司馬。他在永州度過漫長的十年，心情十分抑鬱悲憤。《江雪》寫於永州，是柳詩中歷來傳誦的名篇。

這首詩寫江上雪景，但詩人寫景目的是爲了寫人。

詩的前兩句寫雪景。大雪紛飛，氣候嚴寒，千山萬徑爲白雪所覆蓋。不見飛鳥，不見人的縱跡。詩人描寫雪景，不見「雪」字，卻使人感到寒氣逼人。「千山」、「萬徑」這類誇張的詞語，在我們面前展現了廣闊的背景。

後兩句寫孤舟漁翁雪中垂釣。正是在茫茫白雪中，身穿蓑衣，頭戴斗笠的漁翁，駕著一葉小舟在江中垂釣。值得注意的是「孤」「獨」二字，這兩個字和前面「千」「萬」二字遙相照映。在廣闊的背景上，垂釣的漁翁，即詩人自己更顯得寂寞和孤獨。

這首詩借隱居山水之間的漁翁雪中垂釣，來寄託自己孤獨的感情，抒發了詩人在政治上失意的苦悶。詩的境界表現得比較幽僻冷清。但以「絶」「滅」「雪」入聲字爲韻，急促的聲調也蘊涵著詩人的憤激之情。

酬曹侍御過象縣見寄①

柳宗元

破額山前碧玉流，②
騷人遙駐木蘭舟。③
春風無限瀟湘意，④
欲採蘋花不自由。⑤

【注釋】

①酬：酬答，回贈。　侍御：侍御史。唐代掌管監察的官員。　象縣：今廣西僮族自治區縣，唐代屬柳州。　見寄：寄給自己。　②破額山：在象縣附近。　碧玉流：形容江水的清澈。　③騷人：詩人，指曹侍御。屈原曾作《離騷》，人們因此稱騷人爲詩人。　駐：停留。　木蘭舟：用木蘭做的船。　④瀟湘：湘，湘江；瀟：瀟水，湘江支流。於湖南零陵縣入湘江。　⑤蘋花：一種水草，開白色小花。

【譯文】

破額山前清澈的江水在流著，曹侍御乘的木蘭舟正遠遠地停泊在那裡。陣陣春風吹來，充滿友人的無限情意，我要採蘋相贈，行動卻不能自由。

【賞析】

唐憲宗元和十年（815），柳宗元改貶柳州刺史。到元和十四年（819）病死，他一直在柳州。這是柳宗元被貶在柳州的著名詩篇。他的朋友曹侍御路過象縣，寫了一首詩贈給他，他就回贈了這首詩。

這首詩以比喻手法表達詩人和曹侍御的真摯友誼，流露了自己謫居柳州的憤慨之情。前兩句從寫景開始。「碧玉流」，形容江水其碧如玉，寫出象縣山水之幽美，而這就是曹侍御路過的地方。次句寫曹侍御從遠方來到這裡，暫駐客舟，並以詩相贈。後兩句寫柳完元收到曹侍御的贈詩，增加了對老朋友的無限思念。「瀟湘意」，即思念老朋友的意思。他很想去象縣和老朋友相會，但自己不自由的處境，使他不能如願以償。南朝梁詩人柳惲的《江南曲》寫道「汀洲采白蘋，日暖江南春。洞庭有歸客，瀟湘逢故人。」這首詩的後面兩句似化用其意，筆端流露了詩人心中抑鬱不平之氣。

這首詩以採蘋起興，寄寓了自己的思想感情。詩歌寫的是一件小事，而反映的卻是一個重要的政治事件。表達委婉含蓄，詩境沈厚深儁，是唐人七絕中的佳作。

尋隱者不遇①

賈　島②

松下問童子，③
言師採藥去。④
祇在此山中，
雲深不知處。⑤

【注釋】

①隱者：隱居的人。　②賈島（779－843），字閬仙，一作浪仙，范陽（今河北省琢縣）人。初爲僧，法名無本。後還俗，屢舉進士不第。曾任長江主簿，世稱賈長江。其詩注重詞句錘鍊，刻苦求工，「推敲」的典故就是從他的詩句「僧敲月下門」而來。有《長江集》。　③童子：指隱者的小徒弟。　④言：說。　師：指隱者。　⑤不知處：不知甚麼地方。

【譯文】

賈島進山去拜訪一位隱士，在一顆松樹下詢問童子。童子說師傅採藥去了，祇知道在這座山中，因爲山上雲氣繚繞，也不知道他在甚麼地方。

【賞析】

這首詩寫詩人尋訪一位隱士而未見，記下詢問童子的片段。一問一答，本極自然平淡，而詩味卻十分雋永。

開頭一句是詩人的發問。問甚麼？詩中沒有交代。但是讀完以下三句童子的對答，問的內容自然清楚。問句不僅簡練，詩人對題材的剪裁，於此亦可見一斑。

「言」字以後三句，寫童子的回答。「言師採藥去」，童子答覆客人：師傅不在家，出門採藥去了。回答至此，已可結束。如詩歌果真至此結束，此詩就顯得索然寡味。詩人並沒有就此結束，童子還繼續回答：「祇在此山中，雲深不知處。」到哪裡採藥去了呢？就在這座山中，山上雲氣繚繞，不知他在何處。這樣回答，一方面可以看到童子天真無邪的特點，另一方面也可以了解隱士的生活情趣。同時，這兩句所描繪的幽深清奇的圖景，給人以想像的餘地。

這首詩寫的是尋訪隱士不遇。一般地說，這是掃興的事，總不免令人有幾分悵惘。而詩人卻通過童子的回答，引出一個令人神往的淡遠意境，具有一種平淡樸素之美。

行　宮①

元　稹②

寥落古行宮，③
宮花寂寞紅。
白頭宮女在，
閒坐說玄宗。

【注釋】

①行宮：古代皇帝外出時所居住的宮室。　②元稹（zhen ㄓㄣˇ 枕）（779－831），字微之，河南（今河南省洛陽市）人。早年家貧。貞元九年（793）明經及第。歷任左拾遺、監察御史等職。官至同中書門下平章事，即宰相。他是新樂府運動的倡導者之一，與白居易友善，唱和甚多，世稱「元白」。有《元氏長慶集》。　③廖落：空虛冷落。　④玄宗：唐玄宗李隆基，公元 712－756 年在位。玄宗是他的廟號。

【譯文】

空虛冷落的古行宮，只有宮內的花兒還在寂寞地開放。玄宗時入宮的宮女現在頭髮已經蒼白了，她們坐在那裡閒聊當年玄宗在行宮的故事。

【賞析】

這首詩寫的衹是宮中宮女生活的一個片段，表現了宮女的哀怨之情，寄託了詩人今昔盛衰之感。

開頭一句說的是「古行宮」。這是點明地點。一個「古」字給人以茫遠的感覺。加上「寥落」二字，寫盡行宮的空虛冷落。對照唐玄宗的開元盛世，使人不勝今昔之感。次句暗示時間。宮中花兒開放，當是春季。春花開，衆芳鬥艷，到處應是一片欣欣向榮的景象。而在行宮中，花兒在寂寞地開放。進一步寫出宮內的空虛冷落。花兒寂寞地開放，宮女們寂寞地生活。花兒謝了，明年春天又會開放，年年歲歲花兒相似，而歲歲年年人卻不相同了。第三句寫白頭宮女。這些宮女入宮時都是年輕美貌的少女，如今已是白髮老嫗了。她們曾目睹開元盛世，經歷過安史之亂，飽經滄桑。她們還「在」，許多人已經不在了。末句寫宮女們閒聊。聊甚麼呢？「說玄宗」。說甚麼？詩人没有寫，讓人們自己去想像。宮女們的閒聊，寫出了她們的盛衰之感，也反映了她們命運的不幸。

這首詩一連用了三個「宮」字，使人不覺重複，反而增强了詩的感染力。

近試上張籍水部①

朱慶餘②

洞房昨夜停紅燭，③
待曉堂前拜舅姑。④
妝罷低聲問夫婿，⑤
畫眉深淺入時無？⑥

【注釋】

①近試：將近進士考試的時候。　上：呈送。　張籍水部：即張籍。他當時任水部員外郎。　②朱慶餘（出卒年不詳），名可久，越州（今浙江省紹興縣）人。寶歷二年（826）進士，授秘書省秘書郎，仕途很不得意。其詩多送別贈答、旅遊題詠之作。《全唐詩》錄存其詩二卷。　③洞房：指新婚夫妻的卧室。　停：留，即不吹滅的意思。　④待曉：等待天亮。　舅姑：公婆。　⑤妝罷：梳妝打扮完畢。　夫婿：丈夫。　⑥入時無：合時宜嗎?

【譯文】

洞房裡還燃著新婚之夜的紅燭，等到天亮，要到堂前去拜見公公和婆婆。梳妝打扮完畢，低聲問丈夫：我畫的眉毛，顏色的濃淡，是不是合時宜？

【賞析】

這首詩又題爲《閨意獻張水部》，是詩人在將近進士考試時寫的。詩借閨房情事隱喻考試，把自己比作新娘，張籍比作新郎，公婆比作主考官。表現得巧妙自然。

首句寫新婚之夜。洞房中的紅燭，一直燃燒到天亮，洋溢著喜慶的氣氛。次句寫翌晨新娘要拜見公婆。這是古代的風俗習慣，也是一件大事，所以新娘要梳妝打扮。後兩句寫新娘的心理活動。新娘問新郎：這樣打扮是否合適？新娘不知這樣打扮能不能討公婆的喜歡，衹好問丈夫了。由於是新婚，新娘不免有幾分差澀，「低聲」二字寫出新婚夫妻的親昵和新娘的嬌羞，十分傳神。

這首詩從表面看是寫閨房情事，實際上爲有寓意。這個寓意在題上已表現出來。唐代士人參加科舉。爲了取得聲譽，常常在考之前將自己平日的詩文呈送給當時的名人，叫做「行卷」。如能得到名人的賞識，獲得聲名，就有可能登第。這首詩就是詩人在臨近考試，獻給當時名詩人張籍的。

江南春絕句①

杜　牧②

千里鶯啼綠映紅，③
水村山郭酒旗風。④
南朝四百八十寺，⑤
多少樓臺煙雨中。⑥

【注釋】

①江南：這裡指長江以南建康（今江蘇省南京市）一帶地方。　②杜牧（803－853），字牧之，京兆萬年（今陝西省西安市）人。他出身於世家大族，祖父杜佑，是唐德宗、順宗、憲宗三朝宰相和著名史學家。但他父親早死，到杜牧時，家境已經轉衰。他二十六歲進士及第，後來做過幾任刺史，官終中書舍人。因晚年常居長安城南樊川別墅，後世因此稱他爲「杜樊川」。杜牧詩文兼長。他的詩情致豪邁、詞采清麗，人稱「小杜」。人稱李白、杜甫爲「大李杜」，稱他與李商隱爲「小李杜」。其甥裴延翰編有《樊川文集》二十卷。清馮集梧著有《樊川詩集註》。

③啼：叫。　④郭：外城。　酒旗：酒店內外高掛的布

招牌，中寫一「酒」字，以招攬顧客。　風：指酒旗在風中招展。　⑤南朝：公元420－589年，包括宋、齊、梁、陳四朝。四朝皆建都長江南邊的建康（今南京市），故稱南朝。　⑥樓臺：樓亭臺榭。指寺廟建築。

【譯文】　千里江南的春天，鳥語花香，紅綠相映。不論是水鄉，還是山城，處處可見酒旗在迎風招展。南朝的帝王和貴族興建的四百八十座寺廟，都在眼前迷濛的煙雨之中，可是那些興建寺廟的人，又到那裡去了呢？

【賞析】

這首詩描寫江南的春色。詩人寓情於景，抒發了自己的感慨，含有諷諭的意思。

前兩句寫千里江南，鶯歌燕舞，山村水鄉，酒旗招展。描繪江南春色，有聲有色，秀麗迷人。「千里」寫出了江南的廣闊，富於氣勢。

後兩句寫南朝帝王和貴族與建的四百八十座寺廟，都在迷蒙的煙雨之中。這又爲畫面增添了幾分詩意。寺廟猶在，而興建寺廟佞佛的人到那裡去了呢？弔古傷今的感慨，蘊含著諷諭之意。因爲唐代統治者也崇奉佛教，佛教仍然盛行。

赤 壁①

杜 牧

折戟沈沙鐵未銷，②
自將磨洗認前朝。
東風不與周郎便，
銅雀春深鎖二喬。

【注釋】

①赤壁：即赤壁山，在今湖北省蒲圻縣西北赤壁鄉。位於長江南岸。山巖呈赭紅色，故稱赤壁。 ②戟：古兵器，長杆頭附有月牙狀利刃。 沈：埋沒。 銷：銷蝕。 ③將：拿起。 認前朝：認出是前朝的遺物。 ④周郎：周瑜，三國時東吳孫權的都督。 便：方便。 ⑤銅雀：臺名，曹操所建，臺上有樓，樓頂立有一丈五尺的銅雀，故名。這是曹操姬妾歌伎的住處，故址在今河北省臨漳縣西。 二喬：大喬和小喬。大喬是孫權兄孫策之妻，小喬是周瑜之妻。他們都是東吳美女。

【譯文】

折斷的古戟埋没在黄沙中還未銷蝕，我拿來磨去鐵鏽，洗去泥土，認出是前朝赤壁之戰的遺物。如果不是東風給周瑜方便，擊潰曹軍，大喬小喬就要被曹操擄走，關到銅雀臺中了。

【賞析】

這是一首詠史詩。詩人對歷史上著名的赤壁之戰之勝負提出自己的看法。

詩從發現斷戟寫起。埋在沙土中六百年的斷戟頭出土了，經過磨洗，可以辨認出是三國時赤壁之戰的遺物，由此引起詩人對歷史的追憶。這樣的開頭新穎而自然，引人入勝。

赤壁之戰發生於漢獻帝建安十三年（208）。這一年，曹操率領二十多萬大軍南下攻吳。孫權和劉備聯軍五萬，共同抵抗。北方士兵不習水戰，用鐵鏈將戰船聯結在一起。周瑜用火攻曹操水師，當時恰好東南風起，火勢向西蔓延，燒毁了曹操的船隊，曹軍大敗。赤壁戰後，形成三國鼎立的局面。

詩的後兩句是詩人對赤壁之戰的議論。他認爲如果不是東風給周瑜方便，二喬將被鎖進銅雀臺。這是認爲周瑜的勝利出於僥幸。這種看法不一定正確。因爲周瑜的成功不是偶然的。詩人的認識與他通曉政治軍事，自負武略有關，亦借以吐露自己有才能卻得不到施展的感慨。詩寫得輕鬆活潑，引人深思。

泊秦淮①

杜 牧

煙籠寒水月籠沙，②
夜泊秦淮近酒家。
商女不知亡國恨，
隔江猶唱後庭花！

【注釋】

①秦淮：秦淮河，發源於江蘇溧水縣東北，西流經金陵城入長江。據説河道是秦始皇時開的，鑿鍾山以疏淮水，故名秦淮。 ②籠：籠罩。 ③商女：賣唱的歌女。 ④江：指秦淮河。 後庭花：即《玉樹後庭花》的簡稱，是南朝陳代最後一個皇帝陳叔寶所作的一首樂曲名。

【譯文】 夜晚，煙霧和月光籠罩著寒冷的水和岸邊的沙地。這時，我乘船來到秦淮河靠近酒樓的地方。酒家賣唱的歌女不知陳朝亡國的遺恨，隔著河還唱那《玉樹後庭花》。

【賞析】

杜牧的七言絕句情致綿密，意境深遠，十分出色。《泊秦淮》

是他的名作。這首詩是詩人夜泊金陵秦淮河，聽到酒樓中傳來《玉樹後庭花》的歌聲有感而作。金陵是六朝古都，秦淮河是城中遊賞之地，歌樓舞榭，燈紅酒綠，好不熱鬧。當然，由於隋唐時期定都長安，這裡較之六朝時期已經大爲遜色，但仍然是一個繁華的地方。首句寫秦淮夜景。兩個「籠」字，寫出了夜景的迷，也流露了詩人内心的孤寂和悵惘。次句明確地點出時間、地點、人物。「夜泊」與首句相應。「秦淮」夜泊之處。詩人正因夜泊才能見到秦淮煙月迷茫的景象。「近酒家」引出下面兩句。三、四句寫賣唱的歌女不理解南朝陳亡國的遺恨，隔著水面還唱《玉樹後庭花》這樣的亡國曲調。從表面看,，這兩句是諷刺賣唱的歌女，其實不然。因爲歌女唱的《玉樹後庭花》是爲那些士大夫勸酒助興的。實質上，這裡是借南朝陳後主縱情聲色，終至亡國的歷史教訓，譴責當時荒淫無恥、醉生夢死的封建士大夫。詩中流露了詩人對國家的憂傷。這首詩構思細密，以精鍊的語言表達含蓄的思想，被沈德潛許之爲「絕唱」（《唐詩別裁》卷二十）。

山　行①

杜　牧

遠上寒山石徑斜，②
白雲生處有人家。③
停車坐愛楓林晚，④
霜葉紅於二月花。⑤

【注釋】

①山行：在山中行走。　②遠上：向上延伸，直至遠處。寒山：深秋的山。　徑：小路。　③白雲生處：指高山頂上。　④坐：因。　⑤霜葉：經霜的楓葉。楓葉經霜則變爲紅色。

【譯文】

一條彎彎曲曲的石頭小路延伸到遠處的山頂上，在白雲繚繞的山上，隱隱約約地可以看到人家。因爲喜愛楓樹傍晚的景色，我情不自禁地停下車來欣賞，經霜的楓葉比二月的花兒還要紅艷。

【賞析】

這首詩寫的是詩人山行所見的景色，是優美的寫景詩，前兩句寫寒山、石徑、白雲、人家，皆山行所見。「寒山」，指深秋時節的山。深秋天寒，用「寒」來表示時令。「山徑斜」寫出路，也寫出了山勢。在寒山深處，白雲層生的地方，還可以看到忽隱忽現的人家。「有人家」，給這幽靜、荒僻的山野帶來了生活氣息。寒山、石徑、白雲、人家，再加上詩人自己。交織成一幅秋景圖，使人感到詩中有畫。

「停車坐愛楓林晚」。在山行中，詩人忽然停下車來。爲甚麼呢？是因爲喜愛這楓林的晚景。秋天楓林的傍晚，天上是餘霞成綺，夕陽紅艷；地下是層林盡染，萬山紅遍。這樣的美景，怎不令人陶醉呢？「霜葉紅於二月花」，詩人概括了楓林之美，生動而形象，歷來爲人們所傳誦。火紅的楓林，使僻靜的山野洋溢著生機勃勃的景象。

在詩人的筆下，秋天比春天更美麗，更逗人喜愛。這是因爲在秋風蕭瑟、百花凋零的時候，楓樹能抗嚴霜，鬥寒風，傲然獨立，不爲所屈，因此顯得分外鮮艷。這首詩表現了詩人豪爽的精神、雄健的情懷，使人精神振奮。

秋　夕①

杜　牧

銀燭秋光冷畫屏，②
輕羅小扇撲流螢。③
天階夜色涼如水，④
坐看牽牛織女星。⑤

【注釋】 ①秋夕：秋天的晚上。 ②銀，一作「紅」。畫屏：有圖畫的屏風。 ③輕羅小扇：輕薄的絲織品製成的小團扇。 流螢：飛動的螢火蟲。 ④天階：皇宮中的石階。 ⑤坐：一作「卧」。

【譯文】

秋天的晚上，暗淡的獨光照在畫屏上，使人感到有幾分清冷。一位宮女拿起輕羅團扇到外面去撲打螢火蟲。秋天的夜晚清涼如水，宮女坐在石階上仰望著牽牛織女星。

【賞析】

這首詩寫深宮中宮女的生活，表現了她對皇宮中寂寞生活的厭倦和對自由幸福生活的嚮往。

詩的前兩句寫宮女的生活。首句寫宮內的陳設，著重寫白色的蠟燭和有圖畫的屏風。暗淡的燭光照在畫屏上，使人有幾分清冷的感覺，何況又是秋天。這是寫宮女生活的環境。次句寫宮女手拿輕羅團扇到室外去撲飛螢。宮女撲飛螢是爲了消磨孤獨的時光。表現了她生活的寂寞和無聊。

後兩句宮女的內心活動。秋夜寒氣襲人，清涼如水。宮女坐在石階上仰望天上的牽牛星和織女星。古代神話説，天帝的女兒織女和牛郎戀，違反了天規，被罰作織布的苦工，允許她在布織成之後，讓他們兩人相會。但是，天帝卻暗暗使用神力，使織女織不成布。織女成年累月辛辛苦苦地織布，仍然織不成。牛郎被隔在銀河的彼岸，她遙望銀河彼岸的情人，不能相會，常常淚下如雨。後來，每逢「七夕」，即七月初七，烏鵲爲他們搭成橫渡銀河的橋梁，讓他們團聚。這樣他們每年才能相會一次。據説，烏鵲爲了給他們搭橋相會，連頭頂的毛都踏禿了。宮女仰望牽牛織女星，想起這個美麗的神話，心有所動，自然對寂寞的深宮生活感到厭倦，產生了對幸福的愛情生活的嚮往。這首詩寫得細膩含蓄，委婉動人。

清　　明①

杜　牧

清明時節雨紛紛，
路上行人欲斷魂。②
借問酒家何處有，③
牧童遥指杏花村。④

【注釋】

①清明：二十四節氣之一，在每年的四月四、五或六日。民間習慣在這天掃墓。　②行人：在外旅行的人，指詩人自己。　欲：要。　斷魂：消魂的意思。這裡形容心情不快。③借問：請問。　④杏花村：杏花深處的村莊。

【譯文】

清明節的時候，細雨紛紛。詩人走在路上心情很不愉快。請問，甚麼地方有酒店？牧童指著遠遠的一個開著杏花的村莊。

【賞析】

清明是古代的一個重要的節日，人們常常借這天上墳掃墓。這首小詩寫詩人行路遇雨的心情。

詩的開頭一句寫雨。清明時節的雨，往往不是傾盆大雨，而是細雨紛紛。細雨紛紛，連綿不斷，可以說是清明節的一個典型特徵。「紛紛」二字，不僅寫出凄迷的雨境，也流露了雨中行人的心情。次句寫行人。這個行人就是詩人自己。他羈旅他鄉，行在路上。行路遇雨已是不快，又看到許多人去踏青掃墓，更是觸景傷懷。「欲斷魂」就是反映這種複雜的心情。行路遇雨，總想找一個地方歇脚；心中不快，不免想借酒澆愁。所以第三句是詢問何處有酒店？向誰問路呢？第三句没有說，第四句說了：「牧童遙指杏花村」。此句極富詩情畫意。在荒郊野外遇到牧童，這是常有的事。牧童自然是當地人，他們最了解當地的情況，他遙指杏花深處的村莊，正是對詩人所作的回答。小詩到此戛然而止。至於詩人怎樣去「杏花村」，怎樣飲酒澆愁……都由讀者去想像了。

這首小詩語言通俗，毫無雕琢痕跡。詩中所描繪的優美境界，清新自然，又含蓄蘊藉。結句留有餘韻，耐人尋味。這是一首歷來流傳廣泛的詩篇。頗爲人們所喜愛。

題金陵渡①

張　祜②

金陵津渡小山樓，③
一宿行人自可愁。④
潮落夜江斜月裏，
兩三星火是瓜洲。⑤

【注釋】

①金陵渡：指潤州（今江蘇省鎮江市）過江的渡口。唐時潤州亦稱金陵。　②張祜（hu　ㄏㄨˋ　互）生卒年不詳，字承吉，清河（今河北省清河縣）人。他是元和（806－820）、長慶（821－824）年間詩人，一生没有做過官，好遊山水，晚年隱居丹陽。死於唐宣宗大中（847－859）年間。詩多題詠之作，尤以宮詞著稱。《全唐詩》，錄存其詩二卷。　③津渡：渡口。小山樓：張祜寄宿的地方。　④行人：指張祜。　⑤星火：形容遠處的燈火，像閃爍的星星。　瓜洲：在今江蘇省揚州市南。原是江中的沙磧，後來成爲村鎮和渡口。

【譯文】

張祜寄宿在金陵渡口的小山樓裡。此時，他正在爲自已羈旅他鄉而傷感愁悶。夜裡，江上的潮水退了，天空斜掛著的月亮，從遠處閃爍的三兩點燈火中，可以隱約辨認出對岸的瓜洲。

【賞析】

這是詩人漫遊江南，在金陵渡小樓上的一首詩。

詩的前兩句寫詩人夜宿金陵渡。第一句寫渡口小樓。這是詩人住宿的地方。點明地點。正因爲是住宿在小樓上，可以眺望窗外景色，所以自然引出第三、四句的景色描寫。第二句寫詩人的愁懷。詩人爲甚麼愁緒滿懷，詩中並沒有交代。但是，一個行旅在外的人，觸景傷情，常常容易產生懷念故鄉的愁思。這是完全可以理解的。第二句既然是寫「行人」的「愁」後兩句照理應該在「愁」上做文章了。然而，詩人筆頭一轉，卻緊接第一句描寫樓上眺望所見之景色：在靜靜的秋夜裡，江潮退了，月兒已經西斜。遙望對岸，祗見二、三燈火像是天上閃爍的星星，那就是瓜洲。眼前的異鄉風光，引起詩人對故鄉的思念，激起更爲强烈的鄉愁。寓情於景，這又與第二句所寫的「愁」聯繫起來了。如此抒發鄉愁，可見詩人的藝術功力。

江樓舊感①

趙　嘏②

獨上江樓思渺然，③
月光如水水如天。
同來望月人何在，
風景依稀似去年。④

【注釋】

①舊感：感念舊時故人。一作「感懷」。　②趙嘏（gu ㄍㄨˇ　古）生卒年不詳，字承祐，山陽（今江蘇省淮安縣）人。唐武宗會昌四年（844）進士。曾任渭南尉，世稱「趙渭南」。他的詩贍美而多興味。杜牧愛其「長笛一聲人倚樓」之句，因有「趙倚樓」之稱。《全唐詩》錄存其詩二卷。　③　渺然：心感空虛，若有所失的樣子。　④　依稀：彷彿。

【譯文】

獨上江邊小樓，我心中感到若有所失。月光如水，水碧如天。去年我與友人同上江樓望月，今年又上此樓，所見的風景與去年彷彿，而與我同上江樓望月的人卻不知到甚麼地方去了。

【賞析】

這是懷念友人的詩篇。

前兩句寫今夜登樓望月。首句寫詩人獨上江樓。「獨上」二字寫出詩人孤獨、寂寞的心情。「思渺然」寫詩人的沈思。詩人獨自登上江邊的小樓，想些甚麼呢？雖然詩中並沒有立即回答，但是，這樣寫已經伏下感舊懷人的內容。次句寫眼前即景。月光明淨如水，水色又澄清如天。明月、清水、藍天構成一幅秋夜明麗的圖畫。清秋月夜最容易引起人們對親友的懷念，而詩人正是在這樣一個清涼寧靜的月夜裡，獨自登樓的。仰望明月，環顧四周，風景如舊，怎麼不令他沈思。

後兩句撫今思昔，抒發物是人非的感慨。這是「思渺然」的具體內容。「人何處」和「獨上」照應。同樣的江邊小樓，同樣明月，同樣的江水，同樣的藍天，而去年同來望月的友人不知到什麼地方去了。不禁感慨繫之。詩人重遊舊地，去年同來的友人和當時歡聚的情景宛在眼前。而今夜風景彷彿，由於人事的變遷友人已不知飄泊何方，回憶起來，心中充滿了懷念和悵惘。此詩情味雋永．含意悠長，頗爲人們傳誦。

瑤瑟怨①

溫庭筠②

冰簟銀床夢不成，③
碧天如水夜雲輕。
雁聲遠過瀟湘去，④
十二樓中月自明。⑤

【注釋】

①瑤瑟：飾有美玉的瑟。瑟是一種古樂器，通常是二十五弦。瑤，美玉。　②溫庭筠（yún　ㄩㄣˊ　云）（約 812－866），原名岐，字飛卿，太原祁（今山西省祁縣）人。文思神速，但屢試進士不得登第。曾任方城縣尉，官終國子助教。詩與李商隱齊名，世稱「溫李」。他也是晚唐著名詩人。有《溫庭筠詩集》《金奩集》。　③冰簟（diàn　ㄉㄧㄢˋ　電）：涼席。　④瀟湘：瀟水、湘江在湖南零陵縣合流後稱瀟湘。傳說大雁飛到這裡不再南飛，轉而飛回北方。　⑤十二樓：傳說昆侖山上有五城十二樓，是仙人居住的地方。

【譯文】

靜謐的秋夜，碧天如水，雲輕月明。她躺在銀飾床的涼席上，輾轉不能入睡。大雁的叫聲漸漸遠了，它們飛往遙遠的瀟湘。自己居住的樓閣，留下的是一片月光。

【賞析】

詩題既是《瑤瑟怨》，詩的内容就應是寫瑟聲的悲怨。而詩中没有一句是寫瑟聲的，這使許多人感到迷惑不解。我認爲詩中所寫女子的别離之情，正是瑟聲所表達的怨情。

首句寫女主人　不能入睡。「夢不成」是尋夢不成。她爲甚麼要尋麼呢？自然是爲了寄託她在情人離别之後的相思。人走了，不知何日方能相見。把希望寄託於虚幻的夢，夢竟不成，夢中相見，又成泡影。寫出她的思念之深。次句寫景。静静的秋夜，碧天如水，雲輕月明。如此良宵美景，而情人離去，使她感到孤寂、清冷。景中含情。第三句寫雁聲。茫茫夜空傳來悲切的雁聲。大雁傳書的傳説，使她更加思念遠去瀟湘的情人，也越發感到自己的寂寞和孤獨。末句「十二樓」是指女子的豪華住處。雖未點出人物，人物自在其中。「月自明」，寫出自己的住處，陪伴自己的衹是一片月光。皎潔的月光最易引起思婦的相思之情。此情此景，悠悠不盡。

樂遊原①

李商隱②

向晚意不適，③
驅車登古原。④
夕陽無限好，
衹是近黃昏。

【注釋】

①樂遊原：在長安城南，地勢高敞，登高望遠，可以俯視長安全城，是當時著名的遊覽區。　②李商隱（813－858），字義山，號玉谿生，懷州河内（今河南省沁陽縣）人。開成三年（837）登進士第。曾任縣尉、太學博士、節度使判官等職。因受牛李黨爭的影響，仕途坎坷，終生不得志。其詩擅長律詩、絶句、富於文采，精於用典，具有深婉細密、綺麗精工的風格，對後世影響較大，有《李義山詩集》，註本以馮浩《玉谿生詩箋注》較詳贍。　③向晚：傍晚。　意不適：心裡不舒暢。　④古原：指樂遊原。

【譯文】

傍晚時感到心裡不舒暢，趕著車上樂遊原去遊覽。快要落山的太陽無限美好，可惜很快就要消失了。

【賞析】

這首小詩寫詩人登樂遊原的感慨。

首句寫自己在傍晚時感到心裡不暢。這是點明登樂遊原的時間和原因。時間是傍晚。傍晚最易觸動騷人墨客的愁緒。既有憂愁，詩人驅車到樂遊原，藉以消愁解悶。所以次句寫驅車登古原。「古原」即樂遊原，因爲漢宣帝神爵三年（公元前 59 年），建樂遊苑，故詩人稱之爲「古原」。「意不適」是原因，「登古原」是結果。詩人爲甚麼「意不適」？我們不了解。有人以爲是身世的不幸，有人以爲是世運的衰微，皆有道理。但是詩不明說，可能有難言之隱。

三、四句寫夕陽無限美好，只是好景不常的感嘆。樂遊原是熱鬧的遊覽區。傍晚，遊人已陸續散去，開始沈寂下來。此時詩人遠眺美好的夕陽，由衷地發出贊嘆。「無限好」似較籠統，但具體內容由讀者用想像去補充，更易引起感情上的共鳴。末句使人感到有些消極。然而，這兩句傳誦千古名句，給人以深刻的印象，引起人們豐富的想像。

夜雨寄北

李商隱

君問歸期未有期，①
巴山夜雨漲秋池。②
何當共剪西窗燭，③
卻話巴山夜雨時。④

【注釋】

①君：指詩人的妻子。　②巴山：泛指四川的山。　③何當：何時。　④卻話：再說，回敘。

【譯文】

你問我回家的日期嗎？我回家的日期還不能確定。今夜，窗外的秋雨漲滿了池塘。甚麼時候我們才能共坐西窗之下，剪著燭光，回敘今晚巴山夜雨之時思念你的情景呢？

【賞析】

詩題一作《夜雨寄內》。這是詩人在四川寫給家中妻子的一首詩。大約寫於宣宗大中二年（848），此時，詩人在四川東部，他的妻子王氏留居長安。這首詩是詩人收到王氏來信的答覆。

首句寫詩人收到妻子的來信問及歸期，詩人的回答是歸期難以確定。「問歸期」，表現了妻子對遠方丈夫殷切惦念。「未有期」，隱含著詩人仕途坎坷，窮愁失志，欲歸不得的心情，一問一答，十分自然平淡，但蘊涵著濃郁的感情。次句寫巴山夜雨。這是詩人作詩時的景色。秋風蕭瑟，夜雨連綿，詩人客居他鄉，感到孤單寂寞，難以成眠。此時離愁別恨，油然而生。這是借寫秋夜巴山雨景表達詩人對妻子的思念之情。

由於思念妻子，自然想像到「何當共剪西窗燭」。這是詩人的盼望，也是妻子的盼望。夫妻共坐，剪燭西窗，是何等幸福的時刻。一個飽嘗別離之苦的人，他更懂得團聚的愉快。「卻話巴山夜雨時」，是詩人設想夫妻團聚的情景。「巴山夜雨」，是詩人作詩寄贈妻子的時候，也是詩人羈旅窮愁，思念妻子的時候。在日後團聚之時，憶及當時的情景，講給久別的妻子聽，充滿了悲哀，又充滿了歡樂。

這首詩表達感情細膩，語言流麗清新，全無雕琢痕跡。首句二「期」字，不使人感到重複，因爲這是內容決定的。其後，「巴山夜雨」兩見，亦不使人感到累贅。相反，增强了詩歌的抒情效果。

隋　宮①

李商隱

乘輿南遊不戒嚴，②
九重誰省諫書函？③
春風舉國裁宮錦，④
半作障泥半作帆。⑤

【注釋】

①隋宮：隋煬帝廣在江都（今江蘇省揚州市）的行宮。②南遊：指楊廣乘龍舟南下遊江都。　戒嚴：戒備。　③九重：指皇帝居住的深宮。　省（xing　ㄒㄧㄥˇ　醒）：審察。　諫書函：上奏皇帝的函封諫書。　④舉國：全國。　宮錦：爲宮廷特製的上等錦緞。　⑤障泥：馬韉。墊在馬鞍下面，兩邊下垂，用來擋泥土。

【譯文】

隋煬帝趁著一時高興，決意南遊揚州。爲了顯示自己的豪華氣派，讓人觀看，不加戒嚴。在朝廷上有誰來理睬臣下函封上奏的諫書呢？春天，全國都裁剪上等的錦緞，這些錦緞卻被一半用作扈從騎兵的馬韉，一半用作船隊的風帆。

【賞析】

隋煬帝楊廣是中國歷史上因荒淫腐化而招致國亡身死的一個皇帝。這首詩對他南遊揚州大肆揮霍國家財產，殘害人民的行爲進行了無情的諷刺。

詩的開頭就點明楊廣南遊。南遊，不是指皇帝南下巡視，而是到南方揚州去遊樂，是他貪圖享樂的表現。「乘興」，寫出他肆意妄爲無所顧忌的性格特點。「不戒嚴」，固然是爲了顯示自己的豪華，亦可見其荒於朝政。這裡僅用一句詩鮮明地刻劃了楊廣的形象。次句寫楊廣拒諫。據史籍記載，隋煬帝大業十二年(616)，諫阻他遊揚州的右候衛大將軍趙才，付吏治罪，建節尉任宗在朝堂被杖殺，奉信郎崔民象被斬首……所以詩人慨嘆在朝廷上有誰來理睬諫書？這裡畫出楊廣的昏憒愚頑和剛愎暴戾。

後兩句諷刺楊廣南遊，大肆揮霍國家財產。這裡集中寫「裁宮錦」。「春風」與首句「南遊」呼應。正是在春和日暖之時，楊廣南遊。「舉國」，極寫裁剪宮錦之繁忙，好像是要慶祝盛大的節日。末句直接點出在春耕大忙季節「裁宮錦」的目的卻是爲帝南遊效勞，具有强烈諷刺意味，運筆絶妙。詩意含蓄而又深刻。

嫦　娥

李商隱

雲母屏風燭影深，①
長河漸落曉星沈。②
嫦娥應悔偷靈藥，
碧海青天夜夜心。

【注釋】

①雲母：一種礦物質，晶瑩透明，有光澤可以用來裝飾家具、門窗等。　②長河：指天上的銀河。

【譯文】

屋裡擺著華美的雲母屏風，映在屏風上的蠟燭影子越來越深。銀河漸漸消失，星星也慢慢降落，天快要亮了。嫦娥應當懊悔不該偷吃仙藥，夜夜面對碧海青天，他那寂寞、清冷的心情難以排遣。

【賞析】

嫦娥，是中國古代神話中的月宮仙女。她原是古代有窮國君主后羿（yii　易）的妻子，因爲偷吃了后羿從西王母那裡要來的長生不老的仙藥，騰空而起，飛入月宮，成爲月宮中的仙子。這首詩，看起來是寫嫦娥，實際上是寫與嫦娥有類似遭遇女子的心理活動。

詩前兩句寫環境和女主人公長夜不眠的情景。「雲母屛風」是室內豪華的陳設。據說漢武帝曾送給皇后趙飛燕的妹妹趙合德雲母屛風，可見此物之貴重。陳設如此，屋中女主人公自然是一個貴族婦女。雲母屛風上的燭影更深了，銀河消失，晨星降落，表明天近拂曉。可是女主人公還沒有入睡。如此描寫環境和女主人公的失眠，已寫出這位女子的孤獨和清冷的處境。

後兩句寫女主人公的內心活動。嫦娥因偷服仙藥而飛入月宮爲廣寒仙子，想必後悔了。因爲她每夜每夜面對著碧海青天，孤獨寂寞之情難以排遣。這是寫嫦娥，也是寫與嫦娥的心情和處境相似的女子。「應悔」是表示揣度，但是這種揣度之詞表現出一種同病相憐的感情。

詩中所寫女子究竟誰？別人是無法知道的。詩人愛用象徵手法寫詩，通過豐富的想像塑造鮮明的藝術形象，給人一種撲朔迷離的感覺，卻有一種朦朧之美。

賈　生①

李商隱

宣室求賢訪逐臣，②
賈生才調更無倫。③
可憐夜半虛前席，④
不問蒼生問鬼神。⑤

【注釋】

①賈生：即賈誼。生，是先生的省稱。賈誼，洛陽（今河南省洛陽市東）人。西漢初年著名的政論家、文學家。二十歲被漢文帝召爲博士，不久升爲太中大夫。由於受到如周勃、灌嬰等一些大官的排斥，貶爲長沙王太傅，後爲梁懷王太傅。死年僅三十三歲。　②宣室：漢朝未央宮前殿的正室。此指漢文帝。逐臣：被貶在外的臣子，指賈誼。　③才調：才氣。　無倫：無比。　④可憐：可惜。　虛：徒然。　前席：向前移動坐處，以便傾聽對方的談話。因古人席地而坐，所以說「前席」。　⑤蒼生：百姓。

【譯文】

漢文帝查詢被貶在外的臣子，要召回其中有才能的人。賈誼的才能無與倫比，被召回京城。漢文帝和賈誼談到半夜，談得很投機。可惜他不問老百姓的疾苦，只問些鬼神的事情。

【賞析】

賈誼是西漢初年一個很有才學的人，他曾多次上書漢文帝，提出自己的政治主張。但是没有施展才能的機會，抑鬱早死。

首句寫漢文帝愛才求賢，訪求被放逐到遠方的臣子。「訪逐臣」，引出下句賈誼。這是從反面寫，欲抑先揚。次句寫賈誼的才幹超群，無與倫比。「更」字對賈誼的才幹作了進一步的贊揚。這是從正面寫。漢文帝的求賢，正爲賈誼施展才幹提供了一個很好的機會。看起來賈誼可以大展宏圖了。第三句是寫漢文帝和賈誼談得很投機。但是冠以「可憐」二字，情況完全變了。漢文帝和賈誼談得如此投機，原是好事，爲甚麼「可憐」呢？末句輕輕一點，真像大白。原來漢文帝問的不是百姓的疾苦而是鬼神之事。「不問」和「問」形成鮮明的對照。漢文帝求賢愛才的謎底揭穿了，含有强烈的諷刺意味。

漢文帝本是中國古代比較賢明的君主。他尚且如此，何況其他。結合詩人的遭遇看，詩中寄託了詩人自己懷才不遇的感慨。

臺　城①

韋　莊②

江雨霏霏江草齊，③
六朝如夢鳥空啼。④
無情最是臺城柳，
依舊煙籠十里堤。

【注釋】

①臺城：本爲吳宮後苑，後爲東晉、南朝宮殿所在地，在今江蘇省南京市玄武湖畔。　②韋莊（836－910），字端己，京兆杜陵（今陝西省西安東南）人。屢試不第，直到乾寧元年(894)，他年近六十才中進士。曾任校書郎、左補闕等職。後入蜀爲王建掌書記。唐亡，王建稱帝。他官至吏部侍郎兼平章事。他工詩善詞，是詩人也是著名詞人，有《浣花集》。　③霏霏(fēi　ㄈㄟ　非)：細雨濛濛的樣子。　④六朝：三國吳、東晉、宋、齊、梁、陳都建都建康（今南京市），合稱六朝。

【譯文】

江上細雨濛濛，江畔芳草萋萋。六朝的豪華像夢一樣逝去了，如今只聽到鳥兒悲哀地鳴叫。最無情的是那臺城的柳樹，它依舊長得繁盛茂密，好像煙霧籠罩著十里長堤。

【賞析】

這是一首懷古之作，是唐僖宗光啓三年（887），詩人途經金陵，憑弔古蹟臺城時所作。

金陵是六朝的繁華都城，臺城則是這個都城的中心。到了唐代，臺城雖在，古城金陵已經荒廢了。詩人面對荒涼殘破的臺城，想到當年在這過著豪華、奢侈生活的帝王，感到人世盛衰無常，露出一種低沈的感傷情調。詩的前兩句寫景。首句寫江上細雨，江邊芳草。說明江山依舊，可是人事的變化極大。所以次句寫臺城之荒廢。六朝帝王的豪華生活，夢幻一樣消失了。只剩下林中的鳥兒在哀啼。「空」字，寄託了詩人的感慨。

後兩句寫臺城柳。這些柳樹是宮中的點綴。昔日搖曳生姿，今天煙籠長堤，雖然它目睹人世的盛衰，卻絲毫不動感情。「無情」二字，流露了詩人無限興亡之感。這裡以物之無情，反襯詩人之多情，表現得比較含蓄。詩人親眼看到唐代的滅亡，所以詩中也寄寓了傷今之意。

淮上與友人別①

鄭　谷②

揚子江頭楊柳春，③
楊花愁殺渡江人。
數聲風笛離亭晚，④
君向瀟湘我向秦。⑤

【注釋】

①淮上：指淮南地區。唐代以長江下游之江北爲淮南道。②鄭谷（生卒年不詳），字守愚，袁州宜春（今江西省宜春縣）人。唐僖宗光啓三年（887）進士，官都官郎中。其七律《鷓鴣》詩爲當時傳誦，被稱爲「鄭鷓鴣」。其詩多詠物寫景之作，《全唐詩》錄存其詩四卷。　③揚子江：長江下游入海一段的別稱。④風笛：風中傳來的笛聲。　離亭：驛亭。古時人們常在這些亭子裡送別，所以又稱「離亭」。　⑤瀟湘：指湖南。秦：指陝西。

【譯文】

春天，揚子江畔，楊柳依依。楊花飄落，愁煞渡江友人。風笛數聲，暮色已籠罩離亭。你向湖南，我向陝西，不知何日方能重逢?

【賞析】

這是一首送別詩，是唐人七絕中寫離別的佳作。詩的開頭是寫景從景色中點明離別的地點和季節。地點是揚子江頭，即長江頭。季節是春天，是垂柳映堤的春天。有折柳贈別的習俗，所以，寫離別往往與柳樹聯繫在一起。次句楊花，緊承楊柳，進一步點出暮春。詩人與友人的飄忽不定，頗似暮春飛揚的楊花，因此，渡頭楊花的飄落，又給離別塗上了一層感傷的色彩。所以說:「愁煞渡江人」。第三句的「離亭」，是古人送別之所。離亭話別，而天色已晚，在蒼茫的暮色中，微風從遠處傳來幾聲悠揚的笛聲，這更增加了離人臨行之前的惆悵。此句景中含情，在離亭向晚的笛聲中涵蘊著一種淒愴的感情。特別是「晚」字，它不僅點明了時間，而且製造了一種暮靄蒼茫的氣氛，使人黯然神傷。末句寫離亭一別，各奔前程，一南一北，不知後會何期? 詩歌至此戛然而止，令人有餘意未盡之感。一般絕句用詞切忌重複，而此詩首句「揚」「楊」重音，且與次句「楊」重字，末句則兩用「向」字，這種重複，不僅給詩歌帶來了音律的回旋，而且使人感到情感的纏綿和激盪。

社 日①

王 駕②

鵝湖山下稻粱肥，③
豚柵雞棲半掩扉。④
桑柘影斜春社散，
家家扶得醉人歸。

【注釋】

①社日：古代農村祭祀土地神和穀神的節日。每年分春、秋兩社，此指春社。 ②王駕（851－?），字大用，自號守素先生，河中（今山省永濟縣）人。大順元年（890）進士。官至禮部員外郎。與鄭谷、司空圖友善。《全唐詩》錄存其詩六首。 ③鵝湖山：在江西省鉛山縣東北，周圍四十里。 ④豚（tun ㄊㄨㄣˊ 屯）柵（zha ㄓㄚˋ 炸）：豬圈。 雞棲：雞窠。 扉：門。⑤柘（zhe ㄓㄜˋ 浙）：柘樹，葉可飼蠶。

【譯文】

鵝湖山下，是盛產稻米的地方。家家有豬圈、雞窠。現在户户門盡虛掩，是祭祀土地神和穀神去了。夕陽西下，樹影橫斜，祭祀結束。家家都有喝醉了酒的人，由親友們攙扶著回家。

【賞析】

這首詩寫江南農村豐年社日的歡樂景象。詩的前面兩句寫江南農村風光。首句寫村外景色。春社，並不是收穫的季節，「稻粱肥」，寫出莊稼長勢喜人，豐收在望。次句寫村内景象。到處是豬圈，雞窠，寫出村民生活的富裕。「半掩扉」，門户半掩，説明村民不在家中。到哪裡去了？詩人没有説。但是從詩題看，顯然是去祭祀土地神和穀神去了。「社日」，特别是豐收之年的社日，在農村裡是十分熱鬧的，他們不但祭祀神靈，還有許多娛樂活動，還要參加集體宴會。後兩句寫社日活動結束，村民歸去的情景。「桑柘影斜」，寫夕陽西下，時已傍晚。影斜，是太陽偏西，樹影斜長。詩人寫的是桑樹柘樹。桑葉柘葉都是用來飼蠶的，説明村裡還養蠶。春社散了，家家都有因爲歡度社日喝醉了酒的人，被親友攙扶著回去。「家家」，不免有些誇張，但寫出村民的喜和歡樂。

這首詩選取富有典型特徵的生活細節描寫江南農村豐收之年的一片太平景象，著墨不多，寫得酣暢淋漓，如在眼前，實在是一首反映農村生活的好詩。

春　怨

金昌緒①

打起黃鶯兒，②
莫教枝上啼。③
啼時驚妾夢，④
不得到遼西。⑤

【注釋】

①金昌緒（生卒年不詳），餘杭（今浙江省杭州市）人。生平事蹟無考。今存《春怨》詩一首。　②打起：打得飛去，即趕走。　③莫教：不讓。　④妾：古時婦女自稱。　⑤遼西：遼河以西，在今遼寧省西部，指詩中婦女的丈夫戍守的地方。

【譯文】

把饒舌的黃鶯趕走，不要讓它在枝頭啼叫。它啼叫的聲音，驚擾了我的美夢，使我不能在夢中飛過萬水千山，與戍守遼西的丈夫相會。

【賞析】

這首詩題一作《伊州歌》，寫一個少婦思念遠征在外的丈夫。

詩一開始就寫少婦趕走枝頭的黃鶯。似奇峰突起，出人意外。少婦爲甚麼要趕走黃鶯呢？這就使讀者產生疑問。第二句是説不讓黃鶯在枝頭啼叫。這是解釋了趕走黃鶯的原因。黃鶯的啼聲，如同歌唱，清脆悦耳，十分討人喜歡，爲甚麼少婦趕走黃鶯，不讓它在枝頭啼叫呢？又使讀者產生新的疑問。第三句説，黃鶯的啼聲驚醒了她的美夢。這又解釋了不讓黃鶯啼叫的原因。原來，清晨少婦還在夢鄉，被黃鶯的啼聲驚醒，所以少婦趕走黃鶯，不讓它在枝頭啼叫。其實黃鶯啼叫，時已拂曉，少婦從夢中驚醒，也該起床了，爲其麼遷怒黃鶯呢？爲甚麼如此怕驚破睡夢呢？詩人在末句作了回答：「不得到遼西」。「遼西」，是少婦的丈夫戍守的地方。少婦思念遠方的丈夫，渴望在夢中與他相會，卻被黃鶯的啼聲驚醒。怎麼不令人氣惱。夢既已驚醒，舊夢難續，趕鳥何益？但是，少婦趕鳥這一細節，使她的天真、幼稚、癡情的特點躍然紙上。

此詩採用倒叙的手法。本來少婦要在夢中與遠方的丈夫相會，怕驚夢不讓黃鶯啼叫，因黃鶯啼叫而趕走它。而詩人卻從趕走黃鶯寫起，使讀者產生一個又一個疑問，促使他們思索，最後才揭開謎底，構思十分巧妙。語言清新流利，表現少婦的內心活動曲折、含蓄而有餘味。頗似一首民歌。